BIBLIOTECAS
no MUNDO ANTIGO

LIONEL CASSON

BIBLIOTECAS
no MUNDO ANTIGO

TRADUÇÃO DE
Cristina Antunes

1ª REIMPRESSÃO

VESTÍGIO

Copyright © 2001 Yale University
Copyright da tradução © 2018 Editora Vestígio

Título original: *Libraries in the Ancient World*

Todos os direitos reservados pela Editora Vestígio. Nenhuma parte desta publicação poderá ser reproduzida, seja por meios mecânicos, eletrônicos, seja via cópia xerográfica, sem a autorização prévia da Editora.

GERENTE EDITORIAL
Arnaud Vin

EDITOR ASSISTENTE
Eduardo Soares

ASSISTENTE EDITORIAL
Pedro Pinheiro

PREPARAÇÃO
Isabela Noronha

REVISÃO
Samira Vilela

CAPA
Diogo Droschi
(sobre imagem de The Granger Collection/ Alamy Stock Photo)

DIAGRAMAÇÃO
Waldênia Alvarenga

Dados Internacionais de Catalogação na Publicação (CIP)
Câmara Brasileira do Livro, SP, Brasil

Casson, Lionel, 1914-2009.
Bibliotecas no mundo antigo / Lionel Casson ; tradução Cristina Antunes. -- 1. ed.; 1. reimp. -- São Paulo : Vestígio, 2018.

Título original: Libraries in the ancient world.
Bibliografia.
ISBN 978-85-8286-396-1

1. Biblioteca - História - Até 400 I. Título.

18-13414   CDD-027.309

Índices para catálogo sistemático:
1. Bibliotecas no mundo antigo : História 027.309

A **VESTÍGIO** É UMA EDITORA DO **GRUPO AUTÊNTICA**

São Paulo
Av. Paulista, 2.073,
Conjunto Nacional, Horsa I
23º andar . Conj. 2310-2312
. Cerqueira César . 01311-940
São Paulo . SP
Tel.: (55 11) 3034 4468

Belo Horizonte
Rua Carlos Turner, 420
Silveira . 31140-520
Belo Horizonte . MG
Tel.: (55 31) 3465 4500

Rio de Janeiro
Rua Debret, 23, sala 401
Centro . 20030-080
Rio de Janeiro . RJ
Tel.: (55 21) 3179 1975

www.grupoautentica.com.br

7	Prefácio
9	Mapas
11	O começo: *O antigo Oriente Próximo*
28	O começo: *Grécia*
43	A Biblioteca de Alexandria
61	O crescimento das bibliotecas
75	O começo: *Roma*
96	Bibliotecas do Império Romano: *A cidade de Roma*
126	Bibliotecas do Império Romano: *Fora da cidade de Roma*
142	Do rolo ao códice
155	Em direção à Idade Média
167	Abreviações
169	Notas
191	Ilustrações
195	Índice

Prefácio

Este livro é o primeiro estudo abrangente sobre bibliotecas no mundo antigo. Aqui, será apresentado tudo o que se conhece sobre elas, desde o seu surgimento no antigo Oriente Próximo, durante o terceiro milênio a.C., até o período Bizantino, no quarto e quinto séculos d.C., quando a propagação do cristianismo e do monasticismo mudaram fundamentalmente o curso da história da biblioteca.

Os escritos antigos contêm apenas fragmentos aleatórios de informação sobre bibliotecas. Para completar o quadro, devemos voltar a nossa atenção para uma variedade de fontes. Entre elas, uma das mais úteis é a arqueologia: inúmeros locais de escavação revelaram restos de bibliotecas e nos dão uma ideia – em alguns casos uma ideia muito boa – das instalações físicas. As inscrições relativas a bibliotecas, provenientes de decretos em honra de benfeitores ricos e utilizadas para epitáfios nas lápides de trabalhadores humildes, de uma forma ou de outra fornecem detalhes bem-vindos sobre aspectos importantes. Mas há certas questões em relação às quais limitamo-nos a fazer inferências com base em pistas tênues, ou mesmo, de vez em quando, pura especulação – como a natureza dos repositórios nas várias bibliotecas, o público leitor a que serviam, a maneira como faziam as suas aquisições, seus métodos de arrumação dos livros nas estantes e de catalogação etc.

O livro é dirigido tanto aos leitores em geral quanto aos estudiosos. Para estes últimos, há, numa seção no final do livro, uma documentação completa, vinculada aos enunciados em questão por meio de referências de página e pistas curtas, em vez de números de notas de rodapé, para evitar a distração que estas podem causar.

Foi Harry Haskell, da Editora da Universidade de Yale, quem sugeriu a ideia de um livro sobre bibliotecas antigas. Sou-lhe profundamente grato por seu apoio leal durante todo o tempo necessário para a concretização do trabalho. Meu bom amigo N. Lewis, autor de estudo fundamental sobre a manufatura do papel de papiro, teve a gentileza de conferir minhas afirmações sobre o assunto.

O livro é dedicado à minha mulher, cujo incentivo, como sempre, foi incansável, e que, como sempre, leu o manuscrito com olhar perspicaz e crítico.

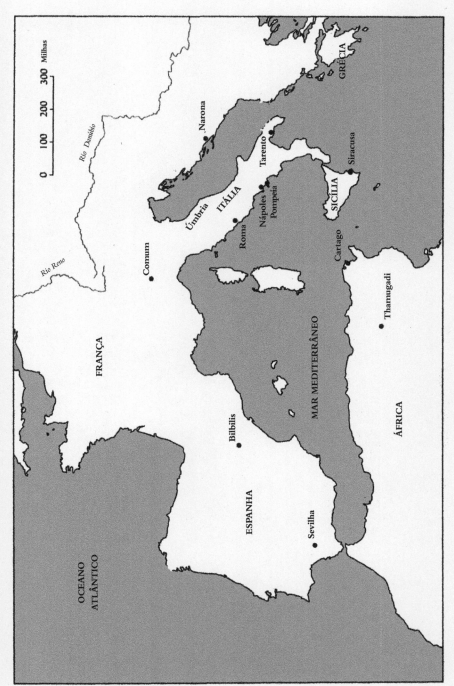

O mundo greco-romano: o oeste

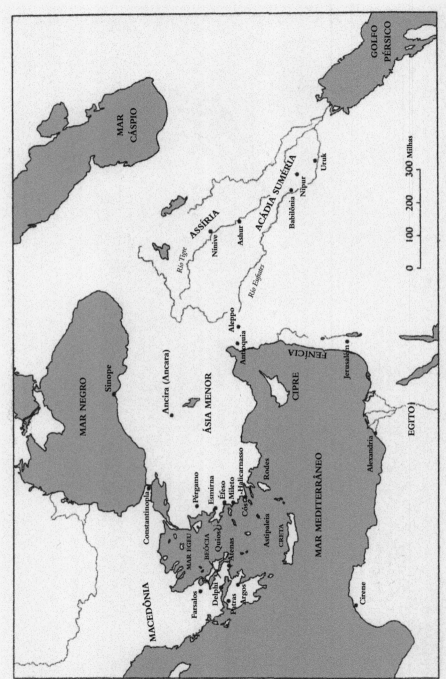

O mundo greco-romano: o leste

1

O começo
O antigo Oriente Próximo

Foi no Egito e na Mesopotâmia, terras abundantemente irrigadas por grandes rios, que surgiu a civilização. É lá que encontramos os mais antigos exemplos desse aspecto fundamental da civilização: a escrita. Tabuletas de argila gravadas que datam de pouco antes de 3000 a.C. foram descobertas entre os vestígios arqueológicos dos sumérios, um povo talentoso assentado no sul da Mesopotâmia.

Os egípcios não ficaram muito atrás, mas praticamente não podemos acompanhar tão bem a história de seus escritos porque eles usaram um material de escrita perecível. Nos tempos antigos, as margens do Nilo estavam demarcadas pelas plantas de papiro – os juncos da "arca de juncos" em que o bebê Moisés foi colocado –, e das fibras dessa planta os egípcios faziam uma forma de papel de excelente qualidade, mas, como qualquer papel, frágil. Os rios da Mesopotâmia não tinham juncos, mas as suas terras forneciam um bom barro e, como consequência, as tabuletas de argila tornaram-se o material padrão na região. Embora desajeitada e volumosa, ela tem uma virtude que os arqueólogos prezam bastante: é durável. O fogo, por exemplo, que representa a destruição para o papel de papiro ou outros materiais de escrita, tais como couro e madeira, apenas coze e endurece as tabuletas de argila, tornando-as ainda mais duráveis. Assim, quando um conquistador provocou um incêndio num palácio mesopotâmico, ele ajudou a garantir a sobrevivência de quaisquer tabuletas de argila que ali estivessem.

A argila, além disso, é barata, e moldá-la na forma de tabuletas é fácil, o que ajudou a tabuleta de argila a se tornar o material de escrita preferido não só em toda a Mesopotâmia, mas também fora dela, como na Síria, na Ásia Menor, na Pérsia e até mesmo em Creta e na Grécia por um tempo. Os escavadores encontraram tabuletas de argila em todos esses lugares. No Oriente Próximo, as tabuletas permaneceram em uso por mais de dois milênios e meio e, em certas áreas, duraram até o início da era cristã, quando finalmente foram desbancadas de uma vez por todas por alternativas mais convenientes.

Os sumérios aperfeiçoaram um estilo de escrita adequado para tal material. Ele consistia basicamente de formas simples, apenas cunhas e linhas, que podiam ser facilmente gravadas por incisão em argila mole com uma cana ou uma caneta de madeira. Os estudiosos apelidaram essa escrita de cuneiforme, palavra oriunda de cunhas (*cunei* em latim), sua marca registrada. Embora seus componentes fossem meramente cunhas e linhas, as combinações destas para formar sinais que representam sons ou palavras chegavam à casa das centenas. Aprendê-las requeria um longo treinamento e muita prática. Inevitavelmente, a alfabetização era limitada a uma pequena classe profissional: os escribas.

Os acadianos conquistaram os sumérios em meados do terceiro milênio a.C. e assumiram os vários sinais cuneiformes usados para a escrita suméria, atribuindo-lhes sons e valores de palavras que se encaixavam na sua própria língua. Os babilônios e os assírios fizeram o mesmo, e assim também o fizeram os povos da Síria e da Ásia Menor. Para os escribas não sumérios de caracteres cuneiformes, o treinamento foi duplamente exigente. A literatura dos sumérios era valorizada em todo o Oriente Próximo, e muito tempo depois de a língua suméria deixar de ser falada, os babilônios, os assírios e outros a mantiveram viva, da mesma forma como os europeus mantiveram vivo o latim após a queda de Roma. Por essa razão, os escribas desses povos tinham que saber os valores dos diferentes sinais cuneiformes tanto para a língua suméria quanto para a sua própria língua.

As primeiras tabuletas de argila são simples anotações de números de mercadorias – animais, potes, cestos etc. A escrita, ao que parece, começou como uma forma primitiva de contabilidade. Seu uso logo foi ampliado para documentar as inúmeras coisas e atos que estavam envolvidos na vida diária, desde os simples inventários de mercadorias até a complicada burocracia governamental.

Os arqueólogos frequentemente encontram tabuletas de argila em lotes, em algumas ocasiões grandes o bastante para atingirem a casa dos milhares. Consistem, na maior parte das vezes, em documentos dos tipos que acabamos de mencionar: contas, entregas, recibos, estoques, empréstimos, contratos de casamento, acordos de divórcio, decisões judiciais e assim por diante. Esses registros de elementos factuais foram mantidos em depósitos a fim de estarem disponíveis para referência – eles eram registros de fato, ou, para usar o termo preferido pelos especialistas no antigo Oriente Próximo, arquivos. De vez em quando, esses arquivos incluíam partes de escritos que são de uma ordem completamente diferente, escritos que não se limitavam a registrar alguma questão de fato, mas que envolviam atividade mental. Eles iam desde simples materiais de livros de texto até a literatura criativa – e se faziam presentes muito cedo. Perto de Nippur, no sul da Mesopotâmia, por exemplo, as escavações revelaram um grupo de tabuletas que datavam de meados do terceiro milênio a.C., nas quais estavam inscritas listas de nomes geográficos, listas de deuses, listas de profissões, exercícios de escrita e inúmeros hinos. Elas poderiam muito bem fazer parte de uma coleção pertencente a uma escola para escribas, talvez uma escola sustentada por um templo, uma coleção de obras que foram mantidas acessíveis para consulta. Em outras palavras, sua biblioteca.

Por volta de 1980, arqueólogos que trabalhavam na área da antiga Ebla, na Síria, cerca de trinta milhas ao sudoeste de Alepo, tiveram um tremendo golpe de sorte ao escavarem os restos do palácio real de Ebla: depararam-se com sua principal sala de arquivo com as cerca de duas mil tabuletas de argila que ali estavam arquivadas quando, por volta de 2300 ou 2250 a.C., invasores incendiaram o palácio. A sala era um retângulo de aproximadamente 3,5 x 4 metros, e as tabuletas foram encontradas em pilhas no chão. Aparentemente, eram mantidas em prateleiras de madeira ao longo das paredes e, quando as prateleiras queimaram completamente, as tabuletas caíram. A grande maioria delas consistia em registros administrativos: quase mil peças

- 13 -

listavam distribuições de têxteis e metais por parte das autoridades do palácio, enquanto outra centena ou mais tinha a ver com cereais, azeite, terrenos agrícolas e criação de animais. Mas havia um grupo de tabuletas cujo conteúdo era totalmente diferente. Em cerca de 60 delas, estavam inscritas listas de palavras em sumério – nomes de profissões, de localizações geográficas, de aves, de peixes. Havia 28 com listas bilíngues, escritas em sumério e acompanhadas de tradução para a língua eblaíta. Havia mais de uma dúzia de rituais, alguns em sumério e alguns em eblaíta. E havia duas tabuletas – duplicatas – com o texto de um mito sumério. Os escavadores determinaram que elas devem ter vindo de uma prateleira superior ao longo de uma parede – no caso, a parede norte da sala. A conclusão é que, arquivada em meio aos registros palacianos, estava a biblioteca de trabalho dos escribas do palácio.

A coleção de Ebla era pequena o bastante para que os usuários a consultassem apenas pesquisando diretamente na prateleira de tabuletas. À medida que as coleções se tornaram maiores, esse tipo de pesquisa, em algum momento, deixou de ser viável. As bibliotecas modernas enfrentam o problema através da elaboração de catálogos de seus títulos – e o mesmo fizeram os escribas do antigo Oriente Próximo. Entre as tabuletas encontradas em Nippur, havia duas que datavam de cerca de 2000 a.C., ambas inscritas com uma lista de obras sumérias de literatura – vários mitos, hinos, lamentos. Uma delas, um pouco mais longa, tem 68 títulos; a outra tem 62. Claramente têm a ver com uma única e mesma coleção, porque 43 títulos aparecem em ambas as tabuletas. A mais longa tem 25 títulos que não se encontram na mais curta, a qual, por sua vez, tem 19 títulos que faltam na mais longa. Pode muito bem ser que as duas listas tenham surgido porque os escribas catalogaram a coleção em questão – talvez um lote de tabuletas em uma determinada área – em dois momentos diferentes, sendo a segunda vez depois de um rearranjo que removeu um número considerável de obras e o substituiu por outras.

Um catálogo, até mesmo um primitivo como o das tabuletas de Nippur, uma mera listagem de títulos sem uma ordem consistente, representa um passo notável para a sistematização de uma coleção. Duas outras etapas foram aperfeiçoadas: a catalogação e a adição de notas de identificação às tabuletas. Ambas aconteceram pelo menos no século XIII a.C., como pode ser visto nas descobertas de Hattusas.

Hattusas é um local antigo, situado a mais ou menos duzentas milhas ao sudeste de Ancara, que era a capital do império dos hititas do século XVII ao século XIII a.C. Ali, os arqueólogos descobriram uma enorme quantidade de tabuletas que vieram do palácio real. A maioria é do tipo documental, relacionada a atividades do governo, mas há um bom número que reúne desde manuais prosaicos até interpretações hititas de épicos sumérios e babilônios. Algumas das tabuletas têm, acrescentadas depois do final do texto, na sua superfície posterior, várias linhas de escrita que identificam o trabalho, mais ou menos na forma como faz uma página de rosto atualmente − o colofão, como essas linhas são chamadas. O termo é derivado da palavra grega *kolophon*, que significa "toque final", refletindo a antiga prática de fornecer, no fim da obra, o que nós fornecemos no início por meio de uma página de rosto. Alguns exemplos:

> Oitava tabuleta do Festival Dupaduparsa, palavras de Silalluhi e Kuwatalla, as sacerdotisas do templo. Escrita pela mão de Lu, filho de Nugissar, na presença de Anuwanza, o superintendente.
>
> Terceira tabuleta de Kuwatalla, a sacerdotisa do templo. Não é o fim. "Quando eu trato um homem de acordo com o grande ritual" [isto é, a primeira linha é usada como título].
>
> Segunda Tabuleta de Tudhaliyas, o grande rei, no juramento. Fim. Esta tabuleta foi danificada; na presença de Mahhuzi e Halwalu, eu, Duda, a restaurei.

Cada colofão começa com o número da tabuleta. Isso foi de vital importância porque, embora os escribas escrevessem em ambas as faces de uma tabuleta, e muitas vezes com letra muito miúda, muitas obras necessitavam de mais do que uma tabuleta, assim como as obras de hoje requerem mais de uma página. Mas as tabuletas, ao contrário de páginas, não podiam ser encadernadas; o melhor que poderia ser feito era mantê-las juntas, empilhadas umas sobre as outras ou agrupadas pelas bordas uma ao lado da outra; em ambos os arranjos, há grandes chances de as tabuletas individuais se extraviarem ou se perderem. O colofão muitas vezes inclui, como no primeiro exemplo, o nome do escriba local que copiou o texto. O terceiro exemplo envolve uma tabuleta que tinha vindo de outro lugar e havia sofrido danos; ela registra o escriba que teve o cuidado de torná-la utilizável.

Nem todas as tabuletas têm colofões. Nos casos em que estavam presentes, eles eram, inquestionavelmente, de grande ajuda para os usuários de uma coleção: uma olhada de relance num colofão revela imediatamente o conteúdo de uma tabuleta e a parte da obra que ela representa.

Uma descoberta em Hattusas mostrou que os catálogos já haviam surgido e que foram um grande avanço em relação àquelas despojadas listas encontradas em Nippur. A descoberta revelou uma série de tabuletas, provavelmente pertencentes ao século XIII a.C., que continham entradas bibliográficas detalhadas. Cada entrada começa fornecendo o número de tabuletas que compunham o trabalho gravado, assim como os catálogos modernos dão o número de volumes em uma publicação multivolume. Em seguida, a entrada identifica o trabalho em si, fornecendo o título – que pode assumir a forma de citação de sua primeira linha – ou dando uma descrição concisa do conteúdo. Depois, informa se a tabuleta sinaliza ou não o fim do trabalho. Às vezes, a entrada inclui o nome do autor ou autores, ou acrescenta outras informações úteis. Aqui estão alguns exemplos que ilustram a natureza das entradas e sua variedade:

> Três tabuletas sobre o festival da cidade de Hurma. Como o oficial presidente celebra o festival. Faltam a primeira e a segunda tabuletas.

> Capítulo único. Quando o cantor no templo da divindade Inar parte o pão em oferenda, recita em Hattic o que se segue. O fim

> Uma tabuleta. Palavras de Annana, a anciã. Quando alguém roga o Deus-Tempestade. Não é o fim.

> Capítulo único. Palavras de Ammihatna, Tulpija, e Mati, sacerdotes... Quando num lugar de culto em um templo que

é puro alguém encontra fraude, aqui está o ritual para isso. O fim.

Uma tabuleta sobre o óleo fino de Azzari, a mulher médica Hurrian. Quando alguém conduz as tropas na batalha contra uma cidade inimiga e um encanto usando óleo fino é lançado sobre o general que comanda o exército, alguém unge o general, juntamente com seu cavalo, sua carruagem e todo o seu equipamento de batalha. O fim.

Uma tabuleta, o fim, na purificação de um assassinato. Quando o sacerdote exorcista trata uma cidade por um assassinato. Palavras de Erija.

Duas tabuletas. Quando o rei, rainha e príncipes dão figuras substitutas para a Deusa-Sol da Terra. O fim. No entanto, não encontramos a primeira tabuleta que pertence a ela.

Palavras de Ehal-Tessub... Quando para um homem e seus escravos masculino e feminino não se dão bem, ou um homem e uma mulher não se dão bem, ou um homem e uma mulher têm pesadelos; como alguém leva para Istar (?) a cerimônia mágica do ódio do mal.

Além de registrar tabuletas faltantes, as entradas ocasionalmente fornecem informações sobre as estantes. Há uma entrada, por exemplo, que, ao listar uma obra situada em duas estantes, observa que "elas não ficam de pé"; presumivelmente, na parte das propriedades do palácio representadas por esse catálogo, a maioria das tabuletas foi armazenada pelas bordas, enquanto aquelas duas, excepcionalmente, repousavam no plano.

Um bom número das obras registradas nas entradas apareceu no conjunto de tabuletas desenterradas. Algumas delas têm colofões que são semelhantes em termos da redação das entradas – de fato, um dos colofões corresponde, palavra por palavra. Muito possivelmente, os compiladores do catálogo, na medida em que passavam ao longo das prateleiras, economizavam tempo simplesmente copiando ou parafraseando colofões sempre que se deparavam com eles.

Praticamente todas as obras listadas no catálogo têm a ver com religião: cerimônias para eventos públicos, rituais para uma variedade de circunstâncias — desde colocar um feitiço de proteção sobre um general que se dirigia para o combate até resolver uma disputa doméstica —, interpretação de presságios e assim por diante. Na verdade, os temas tratados são tão consistentemente os mesmos que o súbito aparecimento, bem no meio de uma série de entradas sobre rituais, de uma listagem de uma obra sobre um tratado entre o rei dos hititas e alguns governantes locais, pode muito bem refletir um antigo exemplo de armazenagem incorreta nas prateleiras! Os repositórios do palácio em Hattusas certamente estavam longe de se limitar a esses materiais; eles incluíam mitos, lendas, anais históricos. O catálogo, ao que parece, era de uma coleção particular que, a julgar pelos conteúdos, era para o uso do clero do palácio. Teria sido uma ferramenta inestimável: qualquer sacerdote que precisasse de um ritual para um determinado problema, em vez de pegar tabuleta por tabuleta para ler o colofão, se houvesse um, ou algumas linhas de texto se não houvesse, só tinha que passar o olho sobre as entradas no catálogo. Era uma ferramenta limitada: a ordem das entradas é mais ou menos aleatória (a alfabetização, por exemplo, situa-se a mais de um milênio e meio no futuro) e elas não dão nenhuma indicação de localização. Mas o catálogo representou, sem dúvida alguma, um passo significativo para além da simples listagem de títulos das tabuletas de Nippur.

Os achados em Hattusas, em suma, revelam o desenvolvimento de procedimentos para organizar uma coleção de escritos. Os repositórios do palácio eram, certamente, grandes o suficiente para requerê-los: o catálogo sozinho, representando, como vimos, apenas a biblioteca de trabalho do clero, lista bem mais de cem títulos. Então, modestas coleções de tabuletas deveriam ser encontradas em todo o Oriente Próximo, pois eram um resultado natural da forma como os escribas tinham sido treinados. O elemento-chave foi repetido, reproduzindo obras bem conhecidas; assim, cada mestre tinha em mãos uma coleção delas para servir como modelo, e seus alunos poderiam construir suas próprias coleções simplesmente mantendo algumas das cópias que eles constantemente produziam. Escribas associados a templos pela mesma assídua reprodução construíram coleções para seus templos; o material acadêmico serviu aos próprios escribas, e o religioso aos sacerdotes do templo. Foi dessa forma, e não por compra, que as coleções foram reunidas, uma vez que um comércio de livros não parece ter existido no Oriente Próximo.

Por outro lado, uma biblioteca do tamanho daquela que se situava em Hattusas era estritamente uma prerrogativa dos reis, figuras todo-poderosas que podiam expandir sua coleção por meio de pilhagens nos lugares que conquistavam ou, quando esse recurso não estava disponível, enviando os escribas para fora do palácio a fim de copiarem tudo o que era desejado. Não sabemos qual monarca em particular era responsável pela biblioteca de Hattusas ou por qualquer uma das bibliotecas reais anteriores a ela, como a de Ebla. Somente no final do século XII a.C. podemos, finalmente, citar o nome de um fundador de biblioteca: Tiglath-Pileser I, um dos maiores governantes da Assíria, cujo reinado durou quase quarenta anos, de 1115 a 1077 a.C.

A prova foi descoberta nas ruínas do templo de Assur, deus principal da Assíria, na cidade de Ashur, capital religiosa da nação. Escavadores perceberam que em uma determinada área havia inúmeras tabuletas que pareciam formar um conjunto: a escrita é semelhante, a natureza da argila é similar e uma série de indicações seguras de dados aponta que teriam sido reunidas durante o reinado de Tiglath-Pileser I. Argumentou-se, convincentemente, que elas eram parte de uma biblioteca que ele criou enquanto ainda era príncipe herdeiro. Cerca de cem diferentes obras podem ser atribuídas a ela com um grau razoável de certeza, um número que certamente representa apenas uma parte dos repositórios em sua época. Como em Ebla e Hattusas, apenas algumas delas são puramente literárias; a maioria são escritos profissionais, que eram ferramentas indispensáveis de escribas e sacerdotes. O maior componente eram obras que lidam com os presságios, a determinação do futuro por estrelas e outros corpos celestes, pelo sacrifício de animais e por eventos naturais e similares. O segundo maior componente eram manuais – listas de vocabulário, lista de plantas, árvores, animais, deuses, nomes de lugares, uma mesa de multiplicação, um texto astronômico. Havia alguns hinos e até mesmo um catálogo de composições musicais, cujas entradas tinham um longo alcance, a ponto de incluir os instrumentos com que deviam ser cantadas, por exemplo:

> 5 salmos sumérios compreendendo uma liturgia para o *adapa* [provavelmente um pandeiro]
> Canção para flauta de cana em sumério.
> Três recitações para gaita em semítico.

Assim, se a inferência acadêmica estiver correta, vai para Tiglath-Pileser I o crédito por ser o primeiro fundador de uma biblioteca que conhecemos pelo nome. É, no entanto, um posterior rei da Assíria, Assurbanípal, o fundador de uma biblioteca – não há dúvida quanto a isso. Além disso, a que ele fundou "tem todo o direito de ser chamada de a primeira biblioteca colecionada de maneira sistemática no antigo Oriente Próximo". Em tamanho, era várias vezes maior do que qualquer outra antes dela e levou três séculos e meio para ser superada.

Assurbanípal, último governante importante da Assíria e um dos seus mais notáveis reis, ocupou o trono por praticamente metade de um século, de 668 a 627 a.C. Ele mesmo era alfabetizado: gabava-se não só de ter alcançado "o mais alto nível na arte do escriba", como também de que "entre os reis, meus antecessores, nenhum tinha aprendido essa arte". Durante a segunda metade do século XIX, arqueólogos britânicos que trabalhavam em Nínive, a sede real de Assurbanípal e de seus predecessores, depararam-se com uma grande quantidade de tabuletas nas ruínas de dois de seus palácios. A descoberta acabou por ser uma coleção valiosa, fornecendo mais de centenas de exemplos de vários tipos de escritos profissionais, os textos do Épico de Gilgámesh, do Épico da Criação e a maioria das outras obras notáveis da literatura antiga do Oriente Próximo que conhecemos. Os colofões mostram a ligação com Assurbanípal. Alguns deles ostentam simplesmente: "Palácio de Assurbanípal, Rei do Mundo, rei da Assíria". Outros são longos e detalhados:

> Palácio de Assurbanípal, Rei do Mundo, rei da Assíria, que confia em Ashur e Ninlil, a quem Nabu e Tashmetu ofereceram ouvidos bem abertos e a quem foi dada uma visão profunda...

A sabedoria de Nabu, os sinais da escrita, tantos quanto foram idealizados, eu escrevi sobre tabuletas, eu arrumei [as tabuletas] em séries, comparei [-as], e para minha contemplação real e récita eu as coloquei no meu palácio.

1.1 Parte superior direita de uma tabuleta de argila, com duas colunas de inscrições em cada lado, Neoassírio. Tabula 11 (história do Dilúvio) da Epopeia de Gilgámesh.

A biblioteca foi criada para "contemplação real". Era, em outras palavras, a coleção particular do rei, que ele poderia explorar pessoalmente desde que tivesse dominado o que normalmente era restrito aos escribas profissionais: a capacidade de lidar com os sinais de escrita, isto é, de ler e escrever a escrita cuneiforme.

Entre o grande número de tabuletas desenterradas em Nínive havia, como de costume, documentos de arquivo misturados com o material da biblioteca. O material da biblioteca apresenta mais ou menos a mesma mistura que havia nos achados de Tiglath-Pileser.

Os maiores componentes eram, de longe, os textos contendo presságios. O segundo maior grupo reunia a literatura técnica de religião e magia – rituais, feitiços, orações e afins para afastar o mal ou requerer a ajuda divina. O próximo maior grupo eram os textos eruditos – listas de sinais cuneiformes com suas interpretações, listas de palavras e nomes, dicionários para a tradução do sumério para o acadiano. As tabuletas relevantes para obras literárias, como o Épico de Gilgámesh, tão valorizado hoje, eram apenas um punhado em comparação às outras. Calculou-se que a biblioteca de Assurbanípal continha cerca de mil e quinhentos títulos; visto que existiam muitos em múltiplas cópias, em alguns casos mais de seis, o número total de tabuletas era muito maior.

Como Assurbanípal reuniu sua coleção? No ano de 648 a.C., a bem-sucedida conclusão de uma guerra contra seu meio-irmão que governava a Babilônia deu a ele rédeas livres sobre os negócios na grande capital cultural. Serviu-se das tabuletas dos templos que lá existiam, carregou-as em carroças, trouxe-as para Nínive, colocou-as junto com seus outros repositórios e, além disso, providenciou cópias das mesmas. Ele tomou tabuletas da biblioteca de Tiglath-Pileser em Ashur e tirou tabuletas de coleções particulares. Sabemos disso por uma descoberta incomum de fragmentos de um registro sobre um grande acréscimo feito, como pode ser deduzido a partir de certos indícios cronológicos, entre janeiro e março de 647 a.C. As entradas, embora muitas estejam perdidas ou incompletas, fornecem inestimáveis informações. Inúmeras delas, por exemplo, declaram a fonte das aquisições, como nos seguintes exemplos:

> 2 [isto é, tabuletas] lamentações.
> 1 [isto é, tabuleta] O Livro do Sonho
> Ao todo, 125 tabuletas [isto é, incluindo
> 122 listadas em linhas anteriores, perdidas]
> Arrabu, um exorcista de Nippur.
> 1 tabuleta com uma coluna,
> Antibruxaria.
> Musezib-Nabu, filho de Nabu-sum-iskun,
> escriba do rei da Babilônia.

As tabuletas listadas nessas entradas devem ter vindo da coleção pessoal do homem nomeado acima. Entradas similares mostram outras coleções semelhantes sendo desbaratadas. Os agentes de Assurbanípal provavelmente confiscaram as tabuletas incluídas ou inseridas num "pedido" real referente às mesmas. Parece que os proprietários entregaram escritos que não estavam diretamente relacionados com a sua profissão e que, portanto, eram mais facilmente dispensados. Por exemplo, Arrabu, um exorcista, abriu mão de uma obra sobre a interpretação dos sonhos em vez de, digamos, algo sobre expulsar demônios, e Musezib-Nabu, filho de um escriba e presumivelmente ele mesmo também um escriba, abriu mão de uma obra sobre bruxaria em troca de uma lista de vocabulários ou algo do tipo.

Os novos acréscimos, estimados em cerca de duas mil tabuletas e trezentas pranchas de madeira, representaram uma significativa aquisição (e a inclusão das pranchas é uma lembrança de que as coleções do Oriente Próximo continham obras de material escrito nessa forma, bem como tabuletas de argila, e que o que quer que estivesse sobre elas foi perdido). A data, no início de 647 a.C., é logo depois da vitória de Assurbanípal na guerra que deu a ele o controle da Babilônia; esse considerável acréscimo podia muito bem ter sido parte da pilhagem.

Embora a biblioteca fosse para o uso de Assurbanípal, certamente outros – seus secretários pessoais, por exemplo – tiveram acesso a ela. Isso causou problemas, levando-se em conta o seguinte colofão:

> Tabuleta de argila de Assurbanípal, Rei do Mundo, Rei da Assíria, que confia em Ashur e Ninlil. Vossa Senhoria é sem igual, Ashur Rei dos Deuses! Quem quer que remova [a tabuleta], escreva seu nome em lugar de meu nome, possa Ashur e Ninlil, irritado e desgostoso, desmoralizá-lo, apagar o seu nome, sua semente, na terra.

Vários outros colofões têm ameaças quase idênticas. Ao que parece, a biblioteca de Assurbanípal foi perturbada pela mesma coisa que também perturba as bibliotecas de hoje: o roubo. A resposta do rei, de acordo com o espírito da época, foi clamar a ira de Deus sobre os culpados. Ele também fez o que está mais de acordo com o espírito dos tempos modernos: introduziu medidas de segurança. Um texto na coleção indica que a consulta de uma "tabuleta do rei" acontecia, do começo ao fim, diante de um oficial real ("quem quer que abra o documento deve fechá-lo na sua presença").

A biblioteca de Assurbanípal, alojada nos palácios reais e disponível para um limitado número de pessoas, não teve que lidar apenas com o roubo. Coleções menos restritas sofreram a sucessão de males da biblioteca. A evidência é fornecida pelos colofões de inúmeras tabuletas: textos de agouro, matéria lexicográfica, rituais etc., que foram encontrados em Ashur e Uruk e datam, aproximadamente, desde o reinado do pai de Assurbanípal até o século III a.C. Elas muito provavelmente vêm de coleções que pertenciam a escolas, que forçosamente permitiam o acesso a alunos, ou a indivíduos que possam tê-lo concedido a colegas profissionais.

Algumas coleções ofereciam o privilégio do empréstimo, e isso trouxe no seu rastro o problema inevitável de garantir o retorno imediato da obra. Uma tabuleta de agouro proveniente de Uruk insiste que "Ele que teme Anu, Enlil e Ea vai devolvê-lo para a casa do seu proprietário do dia seguinte". Uma maneira de evitar o problema era não permitir que qualquer exemplar deixasse o local. Dessa forma, uma tabuleta-ritual de Uruk adverte que "Ele que teme Marduk e Sarpanitum não vai confiá-la a [outras] mãos. Ele que a confiar a [outras] mãos possam todos os deuses que se encontram na Babilônia amaldiçoá-lo".

Também havia o perigo de maus-tratos pelos usuários. Em algumas tabuletas, há um simples aviso: "Ele que teme Anu e Antu cuidará dela [a tabuleta] e a respeitará" ou "[A tabuleta] por ordem de Anu e de Antu deve permanecer em boa condição". Maus-tratos poderiam chegar ao ponto de tornar o texto ilegível – o antigo equivalente da moderna profanação de arrancar páginas de um livro. E por isso há injunções declarando "Em nome de Nabu e Marduk, não raspe o texto!" ou "Quem raspar o texto será olhado com raiva por Marduk". Uma tabuleta de Ashur com uma lista de máximas tem um colofão que identifica uma variedade de formas de maltratar uma tabuleta e invoca a fúria de cada deus no céu sobre o transgressor. "Ele que quebrar esta tabuleta ou a colocar na água ou a raspar até que você não possa reconhecê-la [e] não possa torná-la compreensível, possa Ashur, Sin, Shamash, Adad e Ishtar, Bel, Nergal, Ishtar de Nínive, Ishtar de Arbela, Ishtar de Bit Kidmurri, os deuses do Paraíso e Terra e os deuses da Assíria, possam todos eles amaldiçoá-lo com uma praga que não pode ser aliviada, terrível e impiedosa, enquanto ele viver, possam eles deixar seu nome, sua semente, serem levados embora da Terra, possam eles colocar sua carne na boca de um cão!"

E então havia o roubo, problema que afetou até a biblioteca de Assurbanípal. Inúmeras tabuletas de Uruk trazem a advertência "Ele que teme Anu e Antu não vai levá-la embora por roubo" ou "Ele que teme Nabu não vai levá-la embora por trapaça". Outras oferecem uma variação sobre isso: "Ele que a levar embora, possam Adad e Shala levá-lo embora". Tabuletas encontradas em Ashur invocam uma variedade de punições sobre "ele que leve embora esta tabuleta": "Possa Shamash levá-lo embora", "Possa Shamash tirar seus olhos", "Possa Nabu e Nisaba... torná-lo surdo", "Possa Nabu decretar sua destruição". Uma é mais detalhada: "Ele que a subtrair por furto ou a levar embora pela força ou a tiver roubado por seu escravo, possa Nabu... espalhar sua vida como água". Mesmo os templos eram roubados, a julgar pelo colofão de uma tabuleta lexicográfica que o proprietário havia depositado no templo de Eanna em Uruk como cumprimento de uma promessa a Ishtar para garantir sua saúde e vida longa: "O estudioso que não rouba o documento e o recoloca no seu suporte, possa Ishtar considerá-lo com alegria. Ele que fizer com que [o documento] deixe o templo de Eanna, possa Ishtar denunciá-lo com raiva".

Os transgressores contra quem essas ameaças eram dirigidas eram escribas, sacerdotes e outros profissionais semelhantes. Suas necessidades eram a razão de ser de todas as coleções do Oriente Próximo, fosse a coleção real em Ebla ou Hattusas ou a coleção particular de um escriba Uruk. A biblioteca de Assurbanípal, por todo o seu tamanho, não era diferente: era, para citar um famoso assiriologista, "uma biblioteca de referência orientada para as necessidades dos adivinhos e daqueles profissionais especializados em magia que eram responsáveis pela segurança espiritual dos reis e de outras pessoas importantes. Para isso, foram adicionados vários conjuntos de manuais com finalidades educacionais e de pesquisa, destinados a manter os padrões acadêmicos e de proficiência técnica dessas profissões essenciais". Sugeriu-se que a biblioteca era apropriada para uma necessidade específica de uma pessoa específica – o próprio rei. Na época de Assurbanípal, a política imperial era muito mais dirigida por presságios, e o rei tinha com ele conselheiros que recomendavam determinadas ações baseadas em sua interpretação dos referidos presságios, respaldando o que propunham com citações da literatura apropriada. Visto que os colofões declaram que as tabuletas eram para a "contemplação real e récita" de Assurbanípal, "para estudo em sua revisão", "para estudo em sua leitura", não seria possível, como diz a sugestão, que a biblioteca existisse para capacitá-lo a executar pessoalmente a questão crucial de verificação da veracidade e pertinência das citações.

Qualquer que fosse sua finalidade exata, a coleção de Assurbanípal era, como todas as outras, uma biblioteca de referência profissional. O que estavam fazendo lá então as obras puramente literárias? Havia apenas um punhado delas, e elas bem podiam ter estado lá pela mesma razão que o restante do repositório: para uso de profissionais. O Épico da Criação, por exemplo, foi lido durante a celebração do Ano Novo; o Épico de Irra foi protagonizado por ser útil contra a peste; o mito de Atrahasis, uma figura semelhante a Noé, foi pensado para ajudar no nascimento de crianças.

Em resumo, as coleções do Oriente Próximo eram de uma natureza específica que respondia às necessidades da civilização da qual faziam parte. Deixaram de existir quando essas civilizações chegaram ao fim e não foram o embrião de bibliotecas com horizontes amplos, que estavam prestes a surgir nos mundos grego e romano. No entanto, merecem uma menção honrosa no registro histórico. Foram as primeiras a usar alguns dos procedimentos fundamentais da biblioteca: a identificação de obras individuais por meio da atribuição de títulos, a reunião de obras similares em séries e a criação de catálogos. Também foram as primeiras a sofrer de algumas das doenças fundamentais da biblioteca: roubo e maus-tratos de itens.

Uma palavra final sobre o outro centro da civilização no Oriente Próximo: o Egito. Apesar de ele produzir um rico conjunto de escritos tanto técnico quanto literário, não tem nada a acrescentar para a história das bibliotecas. Elas existiam ali, de fato, mas nós as conhecemos apenas vaga e indiretamente. A pequena quantidade de informações específicas que nós temos não vem do próprio Egito, mas a partir de uma descrição da Terra, escrita muito tempo depois de sua época magna, por Diodoro, um historiador grego no primeiro século a.C. Ao descrever a construção do complexo de "Ozymandias" – seu nome para Ramsés II (1279-1213 a.C.) –, Diodoro afirma que ele incluía uma "biblioteca sagrada" e, inclusive, cita a inscrição que ela carregava: "Clínica para a Alma". Aparentemente, era uma biblioteca de escritos teológicos – mas nunca saberemos, uma vez que os egípcios, como observamos no princípio, escreviam em papel de papiro perecível, não em argila, e embora numerosos espécimes individuais desses escritos tenham resistido, a grande massa que poderia representar as posses de uma biblioteca não sobreviveu.

2

O começo
Grécia

As bibliotecas do Oriente Próximo, de escopo e propósito limitado, estão a uma longa distância da biblioteca tal como a conhecemos, com estantes cheias de livros sobre todos os assuntos e portas abertas aos leitores interessados em todas as matérias. Essa biblioteca teve que esperar a chegada dos gregos, uma vez que eles eram um povo dotado com o que era necessário para trazê-la à existência – um alto nível de alfabetização e um interesse permanente no esforço intelectual.

Na verdade, quando os gregos aparecem pela primeira vez na história, em aproximadamente 1600 a 1200 a.C., durante a Era Micênica, como dizem os historiadores, eles eram semelhantes aos seus contemporâneos no Oriente Próximo. Esta é a época mais retratada nos épicos de Homero, em cuja narrativa a Terra é governada por monarcas todo-poderosos, mantendo a corte em palácios impressionantes em meio à pompa de grande riqueza, ao gosto de Agamenon e Menelau. Por muito tempo pensou-se que o retrato que Homero apresentou tratava-se de mitologia. Então, no século XIX, os arqueólogos começaram a escavar restos que revelaram a simples realidade por trás das obras de Homero – as ruínas de enormes muralhas de cidades, de palácios com muitos cômodos, de grandiosos túmulos. Foram encontrados até mesmo escritos. A língua era uma forma primitiva do grego, mas, tal e qual no Oriente Próximo, a escrita era feita em tabuletas de argila e com base em um sistema silábico. Milhares de tabuletas foram escavadas das ruínas dos palácios. Para grande desapontamento dos descobridores, nenhuma delas tinha conteúdo literário; sem exceção, elas continham registros monótonos presumivelmente ligados à administração do palácio.

Por volta de 1200 a.C., uma série de eventos provocou o fim desse período da história da Grécia com seus esplendores reais. As cidades foram destruídas e abandonadas, e o conhecimento da escrita foi perdido; seu propósito tinha sido servir às administrações palacianas e, quando isso deixou de existir, ela também desapareceu.

Seguiu-se um obscuro intervalo. Então, no século IX a.C., a cortina se abriu para a era que viria a gerar drama, história, filosofia e outras celebradas aquisições intelectuais gregas. Ao longo do tempo, essa era produziu um subproduto dessas realizações: a biblioteca progenitora das atuais.

Mas antes disso acontecer, uma série de etapas preliminares essenciais teve de ser vencida. Para começar, os gregos tiveram que reaprender a escrever. Algum tempo antes do início do primeiro milênio a.C., os fenícios desenvolveram uma forma de escrita alfabética. Por volta de meados do século VIII a.C. os gregos, que nessa época tinham contatos comerciais bem estabelecidos com os fenícios, pegaram emprestada essa forma de escrita e a adaptaram para a sua própria língua. Como observamos, as várias formas de cuneiforme, com seus múltiplos sinais, requeriam longo e árduo treinamento, e a escrita, consequentemente, se restringia a uma classe profissional. A escrita alfabética que os gregos inventaram, com duas dúzias ou mais de sinais capazes de representar cada palavra na linguagem, abriu caminho para a alfabetização rápida e fácil.

Esse foi o passo inicial. Seguiram-se outros igualmente importantes. Foram criadas escolas para propagar o conhecimento da leitura e da escrita. Um número suficiente de pessoas teve que ultrapassar essa habilidade básica para compor uma classe alfabetizada de tamanho significativo. Um número suficiente de seus membros teve que se dar ao luxo da leitura por outras razões que não as utilitárias, a fim de promover a escrita de livros. A demanda por livros precisava crescer o suficiente para dar origem ao comércio de livros. Uma vez que os livros passaram a estar disponíveis comercialmente, os que tinham espírito literário foram capazes de construir coleções – e a coleção particular foi a precursora da biblioteca pública. Há intermináveis discussões sobre quando exatamente esses passos tiveram lugar e, mais importante, o quanto da população foi afetada por cada um deles. O problema é a falta de informações concretas: o pouco conhecimento disponível não se refere à Grécia como um todo, mas apenas à cidade de Atenas. Felizmente, durante a era formativa de alfabetização, Atenas era o centro cultural da região.

Para a questão fundamental sobre como era a alfabetização generalizada entre os atenienses, a resposta tem sido procurada nos dramas de Ésquilo, Sófocles e Eurípides, os quais, desde meados do século V a.C. até seu final, mantiveram o orgulho de ter um lugar de destaque na vida cultural da cidade e serem assistidos pelo público, o que incluiu todo o corpo de cidadãos. Aqueles que acreditam que havia uma alfabetização generalizada afirmam que a audiência deve ter sido letrada; caso contrário, certas cenas teriam sido incompreensíveis. Eles citam a peça *Teseu*, de Eurípides, em que, a certa altura, um pastor analfabeto descreve um complexo de linhas desenhadas sobre uma vela que ele vê a distância e, quando faz isso, o público torna-se consciente de que as linhas que estão sendo descritas formam letras que soletram o nome do herói. Aqueles que acreditam que havia apenas um limitado conhecimento da leitura e da escrita respondem que uma cena como essa simplesmente prova que a competência da audiência vai longe o bastante para soletrar nomes, porém poucos eram capazes de fazer muito mais que isso. Insistem que a palavra falada, o único meio de comunicação antes da introdução da escrita, de modo algum abriu imediatamente um caminho à palavra escrita, mas por muito tempo continuou a desempenhar um papel-chave. Citam, como principais exemplos, a Ilíada e a Odisseia. Compostas para serem recitadas, passaram a ser apresentadas por bardos especialmente treinados e continuaram a ser recitadas por esses bardos muito tempo depois de o alfabeto ter chegado à Grécia. Na verdade, os poemas provavelmente não foram registrados por escrito até se passarem dois séculos depois disso, em cerca de 550 a.C., e, ainda assim, apenas para estabelecer o texto, e não para servir aos leitores.

Seja como for, por volta de 500 a.C., os versos de Homero eram muito provavelmente lidos, e não somente os dele, mas os de outros poetas também. Vasos gregos fornecem a prova. Há inúmeros, alguns dos quais datam do início de 490 a.C., que são decorados com cenas que mostram uma pessoa sentada em uma cadeira segurando e lendo um rolo aberto. Ocasionalmente, o artista inclui letras ou palavras no rolo, às vezes tão meticulosamente que elas podem ser decifradas. Em uma pintura, as palavras são de um dos hinos homéricos; em outra, um retrato imaginário de Safo, as palavras são de um dos seus poemas.

2.1 Tondo com figuras vermelhas, 440-435 a.C., retratando Lino (nomeado, à direita) segurando um rolo de papiro enquanto seu pupilo, Mousaios (nomeado, à esquerda), segura tábuas de escrita.

Houve muitos desses leitores? Isso envolve outra questão relacionada ao assunto: havia escolas para o ensino dessa habilidade?

Se havia, será que elas ensinavam uma grande parcela das crianças em uma comunidade ou apenas, digamos, a prole dos ricos e poderosos? Certamente havia escolas. Não apenas vários dos vasos pintados descritos acima representam cenas em salas de aula como as escolas são mencionadas nos escritos gregos e, ainda mais importante, deixaram a forte impressão de que elas geralmente ensinavam para muito mais do que apenas um grupo seleto de alunos. Os escritores gregos somente consideravam as escolas dignas de nota quando elas eram afetadas por alguma calamidade, e é exatamente o que acontece quando os relatórios de duas de tais ocasiões, ambas de 490 a.C., mostram o número de alunos afetados a fim de salientar a gravidade do evento. Heródoto conta que uma vez, na ilha de Quios, "o telhado desabou sobre meninos que estavam aprendendo suas letras, e de 120 deles apenas um escapou". Pausânias, o guia de viagem do mundo antigo, nos conta sobre um famoso atleta que enlouqueceu e invadiu uma escola em sua cidade natal, em Astipaleia, uma pequena e insignificante ilha no mar Egeu: "Havia cerca de sessenta meninos ali, e ele destruiu a coluna que sustentava o telhado, que desabou sobre eles". Em um incidente relatado por Tucídides, que aconteceu em 413 a.C., um bando de mercenários sedentos por sangue assaltou Micalessos, na Beócia, e, no curso da matança de todos os seres vivos, humanos e animais, "atacou uma escola, a maior do local, logo depois que os meninos entraram, e matou todos eles". Tucídides não informa o número de vítimas, mas sua caracterização da desafortunada escola como "a maior do local" implica na existência de pelo menos duas outras – e isso aconteceu numa pequena cidade de uma região estritamente agrícola. Se a escolarização nessa escala continuou em cidades semelhantes como Quios, Astipaleia e Micalessos, por que não na maioria dos outros lugares? A instrução oferecida, muito provavelmente, era limitada às competências básicas. No entanto, deve ter havido alunos que não pararam por aí. Uma lápide de Atenas datando de 430 a 420 a.C. mostra um relevo de um jovem segurando um rolo aberto em seu colo; ele, aparentemente, tinha tal amor pela leitura que o fato está gravado em sua sepultura.

Os relatos sobre escolas falam apenas de meninos. No entanto, uma vez que as pinturas de vasos mencionadas acima frequentemente retratam mulheres lendo rolos, indiscutivelmente havia mulheres letradas. Ao que parece, elas provavelmente pertenciam a famílias bem colocadas e tinham sido educadas em casa.

2.2 Relevo em lápide retrata o falecido lendo um rolo. Cerca de 430–420 a.C.

Quantos daqueles que sabiam ler usaram essa habilidade para algo além de propósitos mundanos básicos? O suficiente para que, não muito depois do começo do quinto século a.C., o filósofo Heráclito de Éfeso, o historiador e geógrafo Hecateu de Mileto e outros eruditos, além de fazerem declamações de suas obras, empenhassem-se em escrevê-las. Isso significa que os leitores agora têm à sua disposição a prosa, bem como o verso de Homero e outros apreciados poetas. Poucas décadas mais tarde, Heródoto estava compondo sua monumental história; apesar de fazer declamações de partes dela, sua natureza e extensão caracterizam-na como obra planejada para leitores, não para ouvintes. Por volta do final do século, a leitura era tão comum que Aristófanes podia fazer piadas sobre leitores ávidos. Ele descreve Eurípides — um de seus alvos favoritos — como o tipo que "espremia [suas peças] para fora dos livros". Em os *Sapos*, ele faz com que Dionísio, deus do teatro, faça uma competição entre Ésquilo e Eurípides para determinar quem é o melhor dramaturgo. Em uma prova de força, Dionísio deve "pesar" os seus versos para ver de quem são os "mais pesados"; Ésquilo vocifera que os seus irão exceder em peso os de Eurípides, "mesmo se o homem subir na balança, juntamente com seus filhos, sua esposa e os braços cheios de seus livros".

Em 405 a.C., o ano em que os *Sapos* foram apresentados, Eurípides não teria tido nenhum problema em adquirir uma braçada de livros. Naquela altura, obras de todos os tipos estavam disponíveis tanto em prosa quanto em verso. No caso de Homero e dos outros poetas clássicos, múltiplas cópias de suas obras devem ter existido, pois elas eram usadas nas escolas como material de leitura. "Quando eles [os alunos] conhecem suas letras", diz um orador em um diálogo de Platão escrito no começo do século IV a.C., "e estão começando a entender a palavra escrita, [os professores] fornecem a eles, enquanto se sentam nos bancos, os poemas dos excelentes poetas para a leitura". Ele provavelmente tinha em mente uma quantidade de pequenas escolas selecionadas, mas, mesmo assim, não era insignificante o número de cópias necessárias. Em prosa, havia uma grande quantidade de manuais sobre uma ampla variedade de assuntos e, apesar de nenhum deles ter sobrevivido, sabemos que existiram, uma vez que seus títulos são citados por escritores posteriores. O dramaturgo Sófocles escreveu sobre o elemento-chave da tragédia grega (o coro) e um pintor (Agatarcos) no cenário da pintura. O renomado escultor Policleto escreveu uma análise sobre as proporções a serem seguidas na execução da figura humana, e Ictinos, que foi arquiteto do Parthenon, escreveu uma narrativa da construção do mesmo. No final do século, ou talvez um pouco mais tarde, apareceu o manual por excelência: o livro de receitas. O autor, um certo Menaecus, era siciliano – o que não é uma surpresa, uma vez que os *chefs* da Sicília gozavam a reputação de mestres da culinária nos tempos antigos como, por exemplo, acontece com a França hoje. Uma obra em prosa dessa época sobreviveu: o magistral estudo de Tucídides sobre a guerra cruel entre Atenas e Esparta, de 431 a 404 a.C. Esse também é, em certo sentido, um manual sobre as formas da política e os infortúnios que ela pode causar.

Deixe-nos divagar para tornar claro o que exatamente a palavra "livro" significava para a Grécia e para a Roma antigas.

2.3 Ostracismo contra Temístocles, 482 a.C. Museu da Ágora Antiga em Atenas.

Na época micênica, o uso grego das tabuletas de argila para escrever foi excepcional; nos séculos seguintes, eles passaram a preferir outros materiais. O seu papel de rascunho eram pedaços descartados de cerâmica quebrada que eles riscavam com um objeto pontiagudo; também escreviam sobre ele usando pena e tinta. A palavra grega para esses blocos era *ostraka,* o ostracismo – prática inventada pelos atenienses pela qual os cidadãos votavam entre si na pessoa de quem queriam se livrar e, em seguida, a enviavam para o exílio –, que era assim chamado porque os eleitores riscavam o nome de seu candidato na *ostraka.* Para matérias que requeriam algo melhor que a *ostraka,* ainda que não fossem suficientemente importantes para justificar a sua manutenção com um registro permanente, eram usadas tabuletas cobertas de cera – pequenos painéis de madeira com um lado coberto de cera. A escrita era facilmente gravada com um instrumento pontudo e, de modo igualmente fácil, removida por fricção. Para obras que deveriam ser permanentes, tal como um contrato de casamento ou – para chegar ao que mais nos interessa – um livro, o material preferido era uma forma de papel feito de talos da planta do papiro. O pergaminho e outras peles preparadas, que eram amplamente usadas para esses escritos entre as pessoas do Oriente Próximo, não atraíam os gregos, exceto poucos que moravam na região e seguiam o exemplo de seus vizinhos. No entanto, fizeram isso somente na época pré-clássica e, posteriormente, se juntaram a seus companheiros gregos na preferência pelo papel de papiro.

A planta de papiro, como foi observado anteriormente, é nativa do Egito e, embora seja encontrada em outros lugares, somente lá cresce em quantidade suficiente para ser comercialmente importante. Já em 3000 a.C., os egípcios haviam aprendido a manufaturar um tipo de papel a partir dela. Por volta de 1100 a.C., estavam exportando papel para o Levante e, uns poucos séculos mais tarde, para o mundo grego. Nunca pararam de exportá-lo em grandes quantidades, uma vez que a natureza lhes deu o monopólio sobre ele, que continuou, por toda a Antiguidade, sendo o material de escrita por excelência dos gregos e dos romanos.

A manufatura do papel de papiro é relativamente simples. Longas tiras finas e fatiadas de talos recém-colhidos eram arrumadas verticalmente lado a lado e, por cima delas, era colocada uma segunda camada de tiras arrumadas horizontalmente. A folha assim criada era colocada em uma prensa e, graças a uma qualidade adesiva natural do suco da planta, as duas camadas eram firmemente coladas para formar um material de escrita excelente, suave, flexível, de cor clara. As folhas que saíam da prensa diferiam em tamanho. A altura era mais ou menos determinada pelo comprimento dos talos que forneciam as tiras verticais; estas normalmente variavam de aproximadamente 30 a 40 centímetros. A largura dependia da preferência dos fabricantes e podia variar ainda mais amplamente entre 11 a 24 centímetros, porém normalmente, em termos gerais, ia de 16 a 18 centímetros. As folhas individuais eram então arrumadas em um longo rolo, sendo colocadas lado a lado com uma ligeira sobreposição – cerca de 20 a 25 milímetros – e coladas juntas ao longo da sobreposição; para isso era necessário um adesivo, geralmente uma pasta de farinha. Era padrão a prática de reunir vinte folhas dessa maneira. A longa peça resultante era mantida enrolada para facilitar o manuseio e o armazenamento. Os rolos variavam consideravelmente em comprimento, dependendo da largura e do número de folhas que estavam dentro deles: uma variação comum era de 3,2 a 3,6 metros, mas há exemplos que se estendem por 6 metros ou até mais. Originalmente, a superfície usada para se escrever era aquela com as tiras horizontais, de modo que o enrolamento era feito posicionando-a no interior do rolo.

A escrita em papel de papiro era feita com caneta e tinta. A tinta era, normalmente, de fuligem em água, e as canetas eram de junco apontado até um ponto e dividido como uma pena de caneta moderna. Um escriba encarregado de escrever uma obra em um rolo arrumaria o texto em colunas paralelas umas às outras, estendendo-se, com espaço para as margens, desde a borda superior até a inferior. Depois de completar uma coluna, ele enrolaria com a mão esquerda e, em seguida, desenrolaria com a mão direita para obter espaço para a coluna seguinte. Os leitores iriam manusear os rolos da mesma maneira, com a mão esquerda enrolando cada coluna após leitura e desenrolando com a direita para chegar à próxima.

Alguém que quisesse simplesmente escrever uma carta ou um documento curto deveria cortar de um rolo um pedaço de papel de papiro do tamanho desejado. Autores de livros, por outro lado, normalmente precisariam de um ou mais rolos inteiros. Uma peça de Sófocles ou Eurípides caberia em um único rolo de tamanho normal, mas uma obra longa como a história de Tucídides precisaria de muitos. Por conveniência, os múltiplos rolos de longas obras eram mantidos juntos em cestas ou baldes de couro ou madeira.

Os povos da Antiguidade dividiam tais obras em longas seções que eles chamavam de "livros". Desse modo, a *Ilíada* e a *Odisseia* consistem, cada uma, em vinte e quatro livros, a história de Heródoto em nove, a história de Tucídides em oito e assim por diante. Não há conexão entre o número de rolos que foram usados para conter o texto e o número de livros em que ele foi dividido, pois os rolos variavam de comprimento. O livro 19 da *Ilíada*, por exemplo, com suas 424 linhas, é inferior à metade do comprimento do livro 5, que tem 909 linhas.

Deixando de lado a forma como o livro antigo se parecia, vamos voltar para a sua história. Os autores dos primeiros livros que apareceram na Grécia por volta do começo do século quinto a.C. possuíam somente um único exemplar – o rolo ou os rolos nos quais seus manuscritos estavam escritos. Para transmitir o que havia neles, fizeram o que os bardos vinham fazendo há muito tempo para os versos de Homero: leituras. Assim, as únicas pessoas que chegavam a conhecer suas obras eram aquelas que conseguiam estar presentes na audiência. À medida que o tempo passou, os autores enfrentaram essa limitação providenciando cópias do manuscrito para distribuir entre os amigos ou outros receptores apropriados, ou deixando que estes fizessem cópias para si próprios. Essa foi a mais antiga forma de produção do livro, informal e ocasional.

Então, perto do fim do quinto século, aconteceu uma significativa mudança: os escritos gregos desse período mencionam "vendedores de livros", até mesmo um lugar em Atenas "onde há livros para vender". Se havia vendedores de livros, deve ter havido uma forma de produção de livros suficientemente organizada e produtiva para supri-los com a mercadoria. Eles também dirigiam ou tinham acesso ao *scriptoria*, oficinas de escribas que produziam cópias das obras. Como não há informações sobre nenhuma delas, podemos apenas supor. Mas não há dúvida de que o *scriptoria* produziu algumas – talvez a maioria – de suas cópias de acordo com a orientação dos autores, que estavam interessados em uma audiência maior do que seu círculo de amigos. É o caso de Tucídides, que afirmou expressamente pretender que sua obra fosse "uma possessão para sempre". Mas alguns proprietários de *scriptoria* muito provavelmente retiveram os manuscritos que julgavam que iriam vender bem e foram em frente copiando-os sem consultar os autores. Não podemos chamar isso de "pirataria", uma vez que, durante toda a época antiga, coisas como direitos de autor, pagamentos ao detentor de um direito qualquer e matérias similares eram completamente desconhecidas.

Por volta do começo do século IV a.C., a venda de livros havia se tornado uma próspera indústria. No discurso que fez no seu julgamento em 399, Sócrates adverte que as obras de Anaxágoras – um filósofo que tinha atuado cerca de trinta anos antes – "às vezes podiam ser compradas por, no máximo, uma dracma na *orchestra*". A *orchestra* era a parte da ágora, a praça principal de Atenas, onde eram vendidas mercadorias de todo tipo. Os vendedores de livros, obviamente, eram tão bem estabelecidos na época de Sócrates a ponto de terem demarcado sua própria área especial. Seus clientes eram da alta sociedade ateniense, pessoas com instrução suficiente para ter acesso à leitura e com dinheiro para pagar uma dracma sem pensar duas vezes – na verdade, normalmente era mais de uma dracma, uma vez que, como lembra Sócrates, uma dracma era o preço de um livro barato, um gasto conjunto de rolos de segunda mão, por assim dizer, ou um folheto de um rolo. Mesmo estes não cabiam no bolso de um trabalhador ateniense; para este, uma dracma podia significar o pagamento de um dia de trabalho.

Os vendedores de livros de Atenas agora podiam contar com clientes estrangeiros. Zenão, o fundador da escola de filosofia estoica, aprendeu filosofia quando criança na sua cidade natal de Chipre, com livros que seu pai, um mercador viajante, tinha comprado para ele em Atenas. Um dos discípulos de Platão tinha algumas das obras do mestre copiadas e as levou para a Sicília para vender – obviamente, havia um mercado ali para elas. Como costuma acontecer, isso lhe valeu uma má fama não porque ele tivesse, por assim dizer, infringido os direitos autorais de Platão, uma vez que não existia esse conceito, mas porque tinha entrado no ramo dos negócios, o tipo de coisa que os cavalheiros do círculo de Platão simplesmente não fariam.

Em 405 a.C., colecionar livros ainda era tão incomum que Aristófanes zombava de Eurípides por ele dedicar tempo a isso. Poucas décadas mais tarde, com a venda de livros firmemente estabelecida como um negócio e, por meio disso, sendo capaz de suprir a vontade dos clientes, ela já não era mais uma extravagância. Escrevendo na primeira metade do século IV a.C., Xenofonte menciona um suposto sábio dono de uma biblioteca particular que incluía não só muita poesia e filosofia, mas também todas as obras de Homero – que, por si só, encheriam uns quinze rolos grossos. Um escritor cômico da época chegou até mesmo a usar uma biblioteca particular como um cenário para uma cena. Ele fez Lino, mitológico mestre de música que ensinou Héracles a tocar a lira, conduzir o herói para sua biblioteca, apontar para prateleiras cheias de obras de Homero, Hesíodo, escritores de tragédias, escritores de história etc., e insistir para que ele pegasse um exemplar para uma leitura de lazer. Héracles, que na comédia grega é sempre escalado como um glutão, naturalmente pega um livro de receitas.

Em suma, por volta do fim do século IV a.C., os pré-requisitos para a criação da biblioteca pública haviam sido preenchidos. Obras sobre uma variedade de assuntos estavam disponíveis. O *scriptoria* passou a existir para produzir várias cópias, e havia negociantes para vendê-las. Com livros facilmente adquiridos, as pessoas começaram a colecioná-los e se tornaram conscientes do quão úteis essas coleções poderiam ser. Tudo isso implicou em um sólido aumento do número daqueles que não apenas eram alfabetizados, mas liam por prazer e para proveito próprio.

Então, na última metade do século, houve dois acontecimentos que afetaram diretamente a primeira biblioteca pública de que se tem registro, a grande fundação que os Ptolemeus criaram na sua capital, em Alexandria, nas primeiras décadas do século III a.C.

Uma foi a criação, por Aristóteles, de uma grande biblioteca pessoal. Ele era um intelectual de vasto conhecimento e prodigiosa energia, que produziu um *corpus* de escritos que cobria o espectro das artes e das ciências de sua época. Para auxiliar seus estudos, ele reuniu tantos livros que, para citar Estrabão, o erudito geógrafo que escreveu até o final do primeiro século a.C., "foi o primeiro a reunir uma coleção de livros e ter ensinado os reis no Egito a organizar uma biblioteca". Para merecer tal descrição a fim de ser considerada a primeira de sua espécie, a coleção de Aristóteles deve ter superado a de seus antecessores. Seu tamanho e abrangência eram tais que requeriam um sistema de organização; aquele que foi instituído se mostrou adequado mesmo para uma coleção infinitamente grande, como a acumulada em Alexandria pelos Ptolemeus – "os reis do Egito" a quem Estrabão se referiu. Na verdade, a biblioteca de Aristóteles muito provavelmente serviu de inspiração para a deles. Embora tenha morrido em 322 a.C. e a dinastia dos Ptolemeus não tenha começado até 305 a.C., um discípulo dele, Demétrio de Faleros, que certamente tinha familiaridade com a coleção, era íntimo do primeiro Ptolemeu e poderia muito bem ter sugerido a criação de uma versão melhorada da biblioteca em Alexandria.

O segundo evento foi a aprovação de um decreto sem paralelo pelo governo ateniense, que dispunha, sobre uma função-chave, do tipo de biblioteca que os Ptolemeus almejavam obter – ou seja, para servir como um repositório de cópias fidedignas. Mesmo hoje, quando os livros são reproduzidos mecanicamente, aparecem versões que não reproduzem exatamente o original. Isso era um problema muito mais sério nos tempos gregos e romanos, uma vez que cada cópia era feita à mão e, consequentemente, estava sujeita não apenas a uma gama de erros – que inevitavelmente iria ocorrer em tal procedimento –, mas também a deliberadas mudanças no texto. Esse decreto dizia respeito às obras de Ésquilo, Sófocles e Eurípides. Todas as peças em Atenas eram colocadas sob os auspícios do Estado como parte de festivais religiosos. Em 406 a.C., meio século depois da morte do último desses três grandes autores, suas obras provaram ser tão superiores ao que era produzido por seus sucessores que a reencenação delas se tornou a principal atração dos programas teatrais. Aparentemente, os atores que os representavam tomaram liberdades com o texto, tanto assim que Licurgo, líder político de Atenas de 338 a 325 a.C., foi impelido a promulgar uma lei declarando que:

> versões escritas das tragédias de [Ésquilo, Sófocles e Eurípides] devem ser preservadas no escritório de registros, e o escrivão da cidade deve lê-las, para fins de comparação, para os atores que interpretam os papéis, e eles não devem se afastar delas.

Em outras palavras, uma versão autorizada de cada peça deveria ser mantida no arquivo, e os atores deveriam segui-la sob pena da lei. Um dos Ptolemeus, como veremos, por meio de artimanhas e de vasta despesa, pôs as mãos nessas versões; elas representavam o tipo de repositório que ele queria em sua biblioteca.

É hora de voltar para a história dessa biblioteca.

3

A Biblioteca de Alexandria

A Biblioteca de Alexandria, fundada por volta de 300 a.C. ou poucas décadas mais tarde, foi a primeira de sua espécie, e por toda a história antiga continuou sendo a maior de seu tipo. No entanto, parece ter passado a existir de repente. A biblioteca de Assurbanípal, sua mais próxima correspondente em tamanho, era para o uso do rei e especializada em matérias adequadas para suas necessidades particulares. Apesar de sua extensão e variedade, a coleção de Aristóteles era estritamente pessoal, uma ferramenta para seus variados estudos. A Biblioteca de Alexandria era abrangente, reunindo livros de todos os tipos oriundos de todos os lugares, e era pública, aberta para qualquer pessoa academicamente apta ou com qualificações literárias. O que levou tal instituição a surgir exatamente nessa época? Por que em Alexandria, uma cidade que não era muito mais velha que a própria biblioteca?

A espetacular campanha de Alexandre o Grande, que conquistou um império que se estendia de sua terra natal na Macedônia até a fronteira ocidental da Índia, transformou o mundo grego. Até então, a maioria dos gregos era de cidadãos das cidades-estados – mininações compostas por uma cidade e seus arredores imediatos. Cada uma delas tinha sua própria política e cultura, cada uma mantinha o foco sobre si mesma e era totalmente independente. As conquistas de Alexandre deram fim nisso. Daí em diante, praticamente todas as cidades-estados estavam dentro de um ou de outro império, sujeitas a ou rigidamente controladas por um governante autocrático.

- 43 -

A morte de Alexandre em 323 a.C. desencadeou uma luta incansável no seleto grupo de macedônios que haviam servido como oficiais de alta patente. Extremamente hábeis e cruelmente ambiciosos, cada um estava pronto para se apoderar da maior parte possível do reino de seu ex-comandante. Logo depois de 300 a.C., uma espécie de equilíbrio havia sido alcançada. O império que Alexandre tinha reunido tinha sido despedaçado em três grandes blocos: a dinastia dos antigônidas, com sua capital na cidade natal de Macedônia, controlava a Grécia; os selêucidas, com a capital em Antioquia e em Seleuceia, perto da Babilônia, controlavam a maior parte da Ásia Menor, Síria e Mesopotâmia; e os Ptolemeus, com sua capital na cidade que Alexandre havia fundado em 331 e nomeado em sua própria homenagem, controlavam o Egito. A época desse novo mundo de grandes impérios gregos é conhecida como Período Helenístico e durou até o fim do primeiro século a.C., quando os romanos acabaram de engoli-lo.

A cultura das cidades-estados havia sido insular, construída sobre os pequenos mundos que seus cidadãos habitavam e refletindo-os. O Período Helenístico deu origem a uma cultura que ultrapassou as estreitas fronteiras geográficas mais ou menos comuns aos gregos, onde quer que eles vivessem. As cidades-estados não tinham grandes fundos à sua disposição, apenas o que os recursos locais podiam produzir; os governantes dos reinos helenísticos possuíam tesouros imperiais aos quais recorrer. Foi uma época em que os interesses intelectuais foram inevitavelmente mais amplos que antes – e na qual governantes podiam arcar com o custo para subsidiá-los.

Na divisão da pilhagem do território, os Ptolemeus se saíram melhor. O Egito era muito mais rico do que as terras dos seus rivais. Em primeiro lugar, o solo fértil ao longo do Nilo produzia uma abundante colheita de grãos, e os grãos eram para o mundo grego e romano o que o petróleo é para nós. Eles comandavam o mercado em todos os lugares. Em segundo lugar, o Egito era o habitat por excelência da planta do papiro, garantindo dessa forma aos seus governantes o monopólio do principal material de escrita do mundo. Todos os monarcas helenistas buscavam adornar suas capitais com grandiosa arquitetura e construir uma reputação para a cultura. Os Ptolemeus, capazes de gastar mais do

- 44 -

que os outros, assumiram a liderança. Os primeiros quatro membros da dinastia, sendo eles próprios intelectuais, se concentraram na reputação cultural de Alexandria. Ptolemeu I (305-282 a.C.) era um historiador, autor de uma fidedigna narrativa da campanha de conquista de Alexandre. E ele deve pelo menos ter se aventurado na matemática, porque foi ele que, perguntando a Euclides se não havia um caminho mais curto para aprender geometria através de Os Elementos, recebeu a famosa resposta:"Não há uma estrada real". Ptolemeu II (282-246 a.C.) era um ávido zoólogo, Ptolemeu III (246-222 a.C.), um dramaturgo e Ptolemeu IV (222-205 a.C.). Todos eles escolheram convocar sábios e cientistas como tutores de seus filhos. Não é nenhuma surpresa que esses homens procuraram fazer de suas capitais o centro cultural do mundo grego.

Eles tiveram que começar do zero. Alexandria era uma cidade novinha em folha com uma população que consistia, na sua maioria, em soldados e marinheiros das forças armadas dos Ptolemeus, burocratas e funcionários da administração, e o grupo heterogêneo de comerciantes, homens de negócios, artesãos, vigaristas e outros que viram oportunidade em, por assim dizer, um campo de jogo fresco. Os intelectuais precisavam ser convencidos a ir para um lugar que, aparentemente, era um deserto cultural. Os Ptolemeus ofereciam incentivos tão irresistíveis que, no curso do século III a.C., período do zênite cultural da cidade, foram capazes de reunir ali uma comunidade estelar. De Atenas, Ptolemeu I conseguiu trazer não apenas Euclides, mas também Strato, o principal médico da época. Ptolemeu III conseguiu Eratóstenes, o geógrafo cujo cálculo da circunferência da Terra era surpreendentemente preciso. Herófilo, pioneiro no estudo da anatomia, depois de treinar no renomado centro médico na ilha de Cós, onde Hipócrates havia praticado, estabeleceu-se em Alexandria. Até mesmo o grande Arquimedes foi persuadido a deixar sua nativa Siracusa para uma curta estadia lá.

O que ajudou enormemente a atrair intelectuais para a cidade foi a fundação, por Ptolemeu I, de um famoso Museu. Nos tempos antigos, a palavra "museu" normalmente se referia a um estabelecimento religioso, um templo para a veneração das musas. A criação de Ptolemeu era um templo figurativo para as musas, um lugar para se cultivar as artes que elas simbolizavam. Era uma antiga versão de um grupo de reflexão: os membros, notáveis escritores, poetas, cientistas e eruditos, eram nomeados por Ptolemeu por toda a vida e gozavam de um salário considerável, isenção de impostos (um benefício nada desprezível no reino de Ptolemeu), alojamento e alimentação. Não havia perigo de os fundos se esgotarem, uma vez que a instituição possuía uma dotação concedida por Ptolemeu I quando ele a fundou. Para os aposentos do museu, ele escolheu uma área no palácio que incluía uma sala onde os membros poderiam jantar juntos. Em suma, eles eram poupados dos detalhes menores da vida quotidiana para que passassem seu tempo em elevadas buscas intelectuais – exatamente como os seus contemporâneos nos atuais grupos de reflexão. E, como hoje, os membros nem sempre concordavam uns com os outros; um gaiato os descreve como:

> os rabiscadores ratos de biblioteca que são encontrados
> na populosa nação do Egito,
> em debate interminável enquanto se reúnem em torno
> do lugar de alimentação das musas.

Além dos seus benefícios pessoais, esse mimado grupo tinha à sua disposição um incalculável recurso intelectual: foi para eles que os Ptolemeus fundaram a Biblioteca de Alexandria.

Ela foi ideia original de Ptolemeu I, mesmo que não tenha se concretizado até o reinado de seu filho. Por volta da época de Ptolemeu III havia duas bibliotecas, a maior delas no palácio servindo aos membros do Museu, e uma "biblioteca filha", localizada no santuário do deus Serapis, não longe de lá. Nada sabemos sobre os arranjos físicos das bibliotecas, exceto o fato negativo de que nenhuma delas tinha um prédio para si mesma. A biblioteca principal muito provavelmente consistia em uma colunata com uma fileira de salas atrás, uma característica comum nos palácios contemporâneos: as salas servir para guardar os repositórios e a colunata fornecia espaço para os leitores. A outra biblioteca provavelmente tinha um arranjo similar.

O primeiro problema que os Ptolemeus enfrentaram foram as aquisições. O Egito ostentava uma cultura longa e distinta, e havia livros – em egípcio – em grande quantidade em todo lugar. Havia livros gregos para serem comprados em Atenas e Rodes e em outros reconhecidos centros de cultura grega, mas não na recém-desenvolvida Alexandria. A solução encontrada pelos Ptolemeus foi o dinheiro e a arbitrariedade. Eles enviavam agentes com bolsas cheias de dinheiro e ordens para comprar qualquer livro que pudessem, de qualquer tipo, sobre todos os assuntos, e, quanto mais antigo fosse o exemplar, melhor. Os livros antigos eram preferidos porque, tendo sofrido menos recópias, estavam muito menos propensos a conter erros. Os agentes seguiam as ordens tão energicamente que, segundo uma antiga autoridade, para atender à demanda, surgiu uma nova indústria – a falsificação de exemplares "antigos". O que os Ptolemeus não podiam comprar, eles requisitavam: por exemplo, confiscavam quaisquer livros encontrados em navios que estivessem descarregando em Alexandria; os proprietários recebiam cópias (uma das vantagens que os Ptolemeus realmente tinham era ter papel de papiro de sobra para realizar as cópias) e os originais iam para a biblioteca. Ptolemeu III estava tão concentrado em se apoderar das versões oficiais de Atenas das peças de Ésquilo, Sófocles e Eurípides que estava disposto não só a gastar uma enorme quantia, mas também a trapacear na negociação. Pediu emprestados os preciosos rolos para fazer cópias deles. Os patriarcas da cidade devem ter suspeitado, pois insistiram que ele pagasse uma caução de quinze talentos – uma soma enorme, o equivalente a milhões de dólares – para assegurar o seu regresso. Ele fez as cópias corretamente, usando um luxuoso conjunto de papéis de papiro da mais fina qualidade, e as enviou de volta em vez dos originais. Não havia nada que os atenienses pudessem fazer, exceto ficar com a caução.

Os livros recém-adquiridos eram empilhados em armazéns enquanto passavam por procedimentos preliminares de acessão. Os rolos geralmente recebiam uma etiqueta anexada numa das extremidades contendo o nome do autor e a etnia. A etnia era essencial porque os gregos tinham apenas um nome, e muitos se tornavam comuns: diferentes pessoas, frequentemente, tinham o mesmo nome. Uma identificação adicional do armazém era acrescentada às etiquetas para ajudar a distinguir entre si os exemplares de uma mesma obra. Algumas eram marcadas com a proveniência; dessa forma, os livros que tinham sido apreendidos nas docas continham a inscrição *ek ploiôn*, "dos navios". Outras eram marcadas com o nome do editor ou do antigo dono.

A política era adquirir tudo, desde a exaltada poesia épica até um prosaico livro de receitas; os Ptolemeus desejavam tornar a coleção um abrangente repositório de escritos gregos, bem como uma ferramenta para a pesquisa. Também incluíram traduções em grego de importantes obras em outras línguas. O exemplo mais conhecido é a Septuaginta, a versão grega do Velho Testamento (o nome significa "setenta" e deriva, arredondando-se o número, da tradição de que essa versão teria sido feita por setenta e dois tradutores). Seu principal propósito era servir à comunidade judaica, onde muitos dos membros falavam apenas grego e não podiam mais compreender o Hebreu ou o Aramaico. A iniciativa foi encorajada por Ptolemeu, que sem dúvida queria a obra na sua coleção. A biblioteca muito provavelmente tinha uma cópia da lista cronológica dos faraós que um sacerdote egípcio chamado Mâneton tinha traduzido do egípcio para o grego.

Ptolemeu II garantiu que fosse dada especial atenção aos clássicos da literatura – as obras dos grandes dramaturgos atenienses, de Homero e de outros poetas antigos. A biblioteca se tornou particularmente forte em Homero, e por uma boa razão: Homero era *o* poeta, venerado por todos os gregos, não importando de que cidade ou região eram provenientes; admiravam seus épicos como nós fazemos com a Bíblia. Por séculos, gerações tinham escutado em êxtase os bardos recitá-los; a partir do século VI a.C., quando os poemas foram finalmente passados para a forma escrita, eles eram também lidos, e ainda mais importante, usados como textos escolares para as crianças. No entanto, nenhuma versão oficial jamais havia sido criada. Durante a época em que a biblioteca estava reunindo sua coleção, inúmeras cópias existiram com inúmeras diferenças nos textos que apresentavam: omissão de linhas, adição de linhas, transposição de linhas, variação na redação e outras coisas mais. Por conseguinte, a biblioteca adquiriu múltiplas cópias, distinguindo-as da maneira descrita acima, especialmente pela proveniência: possuía uma cópia "de Quios", outra "de Argos", outra "de Sinope" e assim por diante. Tais repositórios tornaram possível a realização de uma das primeiras empreitadas da erudição alexandrina, o estabelecimento de um texto padrão para estas que são as mais estimadas obras da literatura grega.

Os rolos na biblioteca principal totalizavam 490 mil, e na "biblioteca filha", 42.800. Isso não nos diz nada sobre o número de autores representados ou de obras, uma vez que muitos rolos continham mais de uma obra – e muitos, como no caso de Homero, eram duplicatas. Também não sabemos qual era a divisão de função entre as duas bibliotecas. A biblioteca principal, localizada no palácio, devia ser, em primeiro lugar, para uso dos membros do Museu. A outra, situada em um santuário religioso com acesso mais ou menos irrestrito, pode muito bem ter servido a um grupo mais amplo de leitores. Talvez seja por isso que seus repositórios eram muito menores: eram limitados a obras, como os clássicos básicos da literatura, que o público geral provavelmente gostaria de consultar.

Chefiando a biblioteca, havia um diretor nomeado pela corte, um intelectual luminar que sempre tinha a missão adicional de servir como tutor das crianças reais. O primeiro a ocupar o cargo foi Zenódoto, famoso como pioneiro em estabelecer um texto correto para os poemas de Homero. Ele também foi, inevitavelmente, um pioneiro na ciência da biblioteconomia, uma vez que deve ter sido ele quem organizou o sistema usado para armazenar as obras na biblioteca. Citamos acima a afirmação de Estrabão de que Aristóteles "foi o primeiro a ter ensinado para os reis do Egito como organizar uma biblioteca"; presumivelmente, Zenódoto adaptou o que Aristóteles havia elaborado para a sua coleção a fim de servir a essa, muito maior. Seu primeiro passo deve ter sido ordenar os rolos de acordo com a natureza do seu conteúdo – verso ou prosa, literário ou científico, qual a classificação dos literários, qual a classificação dos científicos e assim por diante. As etiquetas forneciam os nomes dos autores, e qualquer outra identificação era acrescentada durante os procedimentos de controle de acesso. Mas frequentemente não apresentavam o título: muitos rolos continham mais de uma obra, e muitas obras, como as compilações de poesia, dificilmente poderiam receber um simples título. Quando faltava um título, Zenódoto precisava desenrolar o rolo e passar os olhos pelo texto. O próximo passo era atribuir salas, ou parte de salas, para as várias categorias de escritos que ele tinha decidido criar. Então, ele colocava as obras apropriadas nas estantes, arrumando-as por autor, em ordem alfabética.

Isso nos leva a uma das maiores contribuições que devemos aos estudiosos da Biblioteca de Alexandria: a ordem alfabética como um modo de organização. Até onde sabemos, Zenódoto foi o primeiro a empregá-la, em um glossário de palavras raras que ele compilou. Uma vez que há indicações claras de que: desde o começo, os repositórios da biblioteca foram organizados alfabeticamente nas estantes, a conclusão natural é que Zenódoto, tendo achado o sistema útil para seu glossário, aplicou-o à coleção. A alfabetização ia apenas até a primeira letra – essa era a prática de todos os estudiosos antigos para todos os propósitos durante séculos. Foi somente no segundo século d.C. que a alfabetização plena apareceu.

Enquanto colocava em prática a organização inicial da biblioteca, Zenódoto deve ter recrutado a equipe que ela precisava – classificadores, inspetores, atendentes, pajens, copistas, restauradores, entre outros. Devem ter havido dúzias desses empregados, mas não temos nenhuma informação sobre eles – apenas supomos sua existência. Como muitos dos trabalhadores das áreas administrativas no mundo grego e romano, a grande maioria muito provavelmente era constituída por escravos.

Nos primeiros anos da biblioteca, quando os repositórios eram relativamente limitados, bastava ter um sistema que permitisse ao usuário encontrar o que estava procurando ao se dirigir a uma determinada sala ou a um determinado conjunto de estantes em uma sala, passando seus olhos sobre as etiquetas dos rolos alinhados ali em grosseira ordem alfabética. Na verdade, o sistema era suficiente para usuários inveterados, mesmo quando a biblioteca estava na força total. A história diz que Aristófanes de Bizâncio, que foi diretor de cerca de 200 a 185 a.C. e que "trabalhando diariamente com o máximo dinamismo e diligência leu sistematicamente até o fim todos os livros", ao servir como um juiz em uma competição de poetas realizada diante do rei, desclassificou todos por razões de plágio, exceto um. Chamado pelo rei para provar seu caso, ele correu até a biblioteca e "respondendo apenas de memória, a partir de certas estantes produziu uma braçada de rolos".

O feito pode ter sido possível para um homem como Aristófanes de Bizâncio, mas, depois que a coleção havia atingido certo tamanho, leitores comuns precisavam do mesmo tipo de ajuda que se usa hoje para conseguir localizar as obras. Ela era dada por uma figura de elevada importância não apenas na história da Biblioteca de Alexandria, como na história da erudição também. Era um homem que combinava a habilidade em escrever versos criativos com a disposição em se submeter à labuta do enfadonho trabalho de compilar centenas de listas envolvendo milhares de entradas: Calímaco de Cirene.

Seu local de nascimento, Cirene, um porto marítimo na costa da Líbia, a oeste de Alexandria, na época era governado pelos Ptolemeus. Sua família, do alto escalão, estava em situação precária. Ele se mudou para a capital e aceitou um trabalho como professor numa escola elementar do subúrbio. De alguma maneira chamou atenção de Ptolemeu I, que o convidou para se juntar ao círculo de intelectuais da corte; durante o reinado de Ptolemeu II, Calímaco foi uma figura dominante. Pode ter sucedido Zenódoto como diretor da biblioteca; se não, certamente esteve de alguma forma no comando dela, porque, até onde podemos dizer, foi ele o homem responsável por sua catalogação.

3.1 Desenho a lápis de um relevo do período romano mostrando rolos, a maioria com etiquetas de identificação, empilhados em uma prateleira com três níveis.

Como estudioso, a maior realização de Calímaco foi a monumental compilação das "Tábuas" *Pinakes,* ou, para dar seu título completo, "*Tábuas das pessoas eminentes em todos os ramos da aprendizagem, junto com una lista de seus escritos*". Era uma detalhada pesquisa bibliográfica de todos os escritos gregos; ocupava 120 livros, cinco vezes mais do que a *Ilíada* de Homero. O que tornou tal projeto possível foi a existência da Biblioteca de Alexandria, em cujas prateleiras todos esses escritos, com raras exceções, podiam ser encontrados. E há uma concordância geral de que a compilação se originou daí ou foi uma expansão de uma lista das prateleiras[1] do repositório da biblioteca que Calímaco havia preparado.

As *Pinakes* não sobreviveram. No entanto, temos bastantes referências e citações referentes a ela em trabalhos escolares dos últimos séculos, que fornecem uma nítida ideia de sua natureza e extensão. Calímaco dividiu todos os escritores gregos em categorias – "tábuas", para usar sua terminologia. Estas, sem dúvida, eram em grande parte as mesmas categorias de acordo com as quais os repositórios da biblioteca tinham sido arquivados e, portanto, eram aquelas de sua lista de prateleiras. Ele fez uma divisão inicial básica em poesia e prosa, e quebrou cada uma delas em subdivisões. Para poesia, havia uma tabela de poetas dramáticos, com uma partição em uma sub-tabela de escritores de tragédia e outra de escritores de comédia; uma tabela de poetas épicos; uma tabela de poetas líricos e assim por diante. Para escritores de prosa, havia uma tabela de filósofos, de oradores, de historiadores, de escritores de medicina e até mesmo uma "tabela de miscelânea" (é aqui que os livros de receitas são listados). Cada tabela continha nomes dos autores em ordem alfabética (apenas pela primeira letra, é claro). Cada autor tinha um breve esboço biográfico que incluía o nome do pai, local de nascimento e, às vezes, um apelido – detalhes úteis para distinguir um do outro escritor com o mesmo nome. Aqui, por exemplo, está

---

[1] O autor usa a expressão *shelf-list*, sem tradução para o português, a qual, literalmente, significa lista de prateleiras, ou seja, *shelf-list* é a lista das obras de uma biblioteca organizada pela ordem na qual os livros são guardados nas prateleiras.

uma entrada para o famoso astrônomo Eudoxo, a qual, se não está escrita exatamente com as palavras de Calímaco, deriva delas:

> Eudoxo, pai Ésquines de Cnido; astrônomo, geômetra, médico, legislador. Estudou geometria com Arquitas e medicina com Filistion da Sicília.

Depois do esboço biográfico vinha uma lista das obras do autor em ordem alfabética – que, em muitos casos, deve ter continuado coluna após coluna. Uma lista preservada das peças de Ésquilo muito provavelmente se remete a Calímaco; ela se estende por 73 títulos. A entrada de Eurípides deve ter em torno desse número e a de Sófocles ultrapassa uma centena. Há uma lista sobrevivente das obras completas de Teofrasto, o prolífico sábio que se tornou chefe da escola de Aristóteles quando este morreu; em última análise, essa lista provavelmente se deriva da entrada de Calímaco e contém nada menos que 219 títulos.

Um problema-chave com o qual Calímaco se defrontou foi como controlar as entradas que envolvessem mais de uma categoria. No caso de Aristófanes, por exemplo, esse problema não surgiu: autor somente de comédias, ele foi listado na tabela de tais escritores (sem dúvida perto do topo, uma vez que seu nome começa com alfa). Mas onde Calímaco colocou a si próprio, ele que era autor tanto de prosa quanto de poesia, e de diferentes espécies de cada? Será que listou a si mesmo em múltiplos lugares, completando a informação com um esboço biográfico? Será que usou referências cruzadas? Não temos nenhuma maneira de saber.

Listas de escritos de um ou outro tipo foram delineadas antes. As "tabelas" de Calímaco foram as primeiras a serem abrangentes: forneciam uma apresentação sistemática, em um conjunto de rolos, de todos os escritos em grego – literários, científicos e até mesmo utilitários, tais como livros de receitas. Calímaco foi capaz de realizar isso porque pôde consultar praticamente todos eles, ali mesmo, na Biblioteca de Alexandria. Por sua vez, forneceu uma chave para a vasta coleção: a partir de suas *Pinakes*, os usuários podiam determinar a existência de qualquer obra em particular; a partir de sua "lista de prateleiras", ele podia determinar sua localização. Calímaco criou uma ferramenta de referência de vital importância.

Personagens dominantes da fase inicial da erudição alexandrina, a primeira metade do século III a.C., Zenódoto e Calímaco eram ambos focados em literatura. O próximo grande personagem, Eratóstenes, que atuou como diretor desde cerca de 245 a.C. até 205 a.C. e dominou a segunda metade do século, deixou sua marca na ciência. Coincidentemente, ele também era instruído em muitos outros campos – campos demais, de acordo com colegas difamadores no Museu, que o apelidaram de *Beta*, "N° 2", ou seja, o homem que se dividiu com tão pouca densidade sobre uma série de áreas que é incapaz de ser N° 1 em qualquer uma delas. Não é verdade: Eratóstenes era qualificado como *Alfa* em geografia, não há dúvidas quanto a isso. Escreveu pelo menos dois livros sobre o assunto; nenhum sobreviveu, mas a partir de discussões sobre eles em geógrafos posteriores, sabemos muito do que estava registrado neles. Habilitado em astronomia e geometria, empregou ambas a serviço da geografia para determinar o tamanho do globo e encaixar nele as terras conhecidas. Já nos referimos ao seu surpreendentemente preciso cálculo da circunferência da Terra. As terras conhecidas, em seu mapa *mundi*, formam uma vasta massa oblonga que se estende desde o Oceano Atlântico a oeste até um oceano bloqueando a Índia a leste. Os repositórios da biblioteca não apenas permitiram a ele sintetizar os escritos de seus predecessores como o supriram com informações novas sobre áreas que eles mal conheciam. Para a Índia, limite do conhecimento geográfico ao leste, ele foi capaz de consultar as narrativas deixadas pelos membros da expedição de Alexandre. Para a costa leste da África, outra área remota, pôde consultar os relatórios das equipes dos Ptolemeus, enviadas para lugares distantes, como a Somália, para caçar elefantes para o corpo de elefantes do exército.

Dois notáveis eruditos que seguiram Eratóstenes, ambos diretores da biblioteca, Aristófanes de Bizâncio, de cerca de 205 até 185 a.C., e Aristarco, de cerca de 175 até 145 a.C., trouxeram o foco de volta para a literatura e para a linguagem, tornando essa metade de século uma época de ouro para a pesquisa nesses campos.

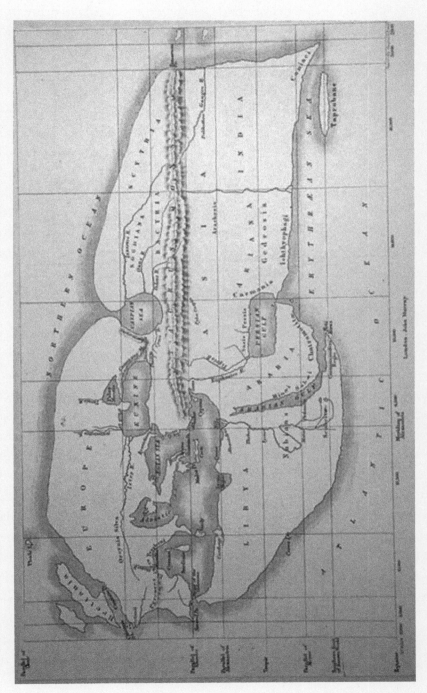

3.2 Reconstrução do século XIX do mapa do mundo conhecido de Eratóstenes.

Zenódoto, o primeiro diretor da biblioteca, tinha dado os primeiros passos para estabelecer um texto correto das obras de Homero por meio da comparação e análise das diferentes versões dos poemas nas várias cópias disponíveis, do mesmo modo que os especialistas de Shakespeare fazem hoje com as várias versões *in quarto* e *in folio* das edições de suas peças. Aristófanes e Aristarco continuaram a fazer isso em maior profundidade e também para os outros poetas – Hesíodo, Píndaro e os poetas líricos. E Aristarco apresentou suas descobertas em comentários, livros nos quais ele cita determinadas passagens e depois segue cada passagem com observações – sobre seu significado, sobre qualquer termo ou expressão não usual que ela contenha, sobre se as palavras são genuinamente do autor, entre outras coisas. Ele inclusive tratou de um escritor de prosa, Heródoto, dessa maneira. Tais comentários, explorados por gerações de comentadores subsequentes, são os ancestrais das atuais múltiplas edições anotadas, desde os primeiros alunos de latim dos textos de César até a última "chave" para o *Ulisses* de Joyce.

Outra área dos estudos literários em que eles se aprofundaram foi a lexicografia. As palavras raras e arcaicas que apareciam em Homero e em outros poetas mais antigos sempre interessaram aos intelectuais gregos. A primeira tentativa formal para tratá-las foi feita por um poeta erudito, Filetas, que viveu por volta de 300 a.C. Ele compilou uma obra chamada *Miscellaneous Words*, na qual comenta, em arranjo não sistemático, sobre uma mistura de tais termos. Foi um grande sucesso, e se tornou tão conhecida e tão familiar para as pessoas comuns como é hoje, digamos, o Dicionário Webster. Assim, em uma comédia encenada pelo menos meio século depois da época de Filetas, há uma cena na qual um anfitrião que planeja dar um jantar diz como o fornecedor que contratou discutiu o menu em tão pomposa e arcaica linguagem que "ninguém na Terra podia entendê-lo; [...] era preciso conseguir as obras completas de Filetas e procurar o significado de cada palavra". Zenódoto, seguindo o caminho de Filetas, fez uma compilação similar e introduziu, como observamos antes, a grande melhoria de colocar as entradas em ordem alfabética. Aristófanes de Bizâncio deu o próximo passo lógico: em uma obra chamada *Lexeis*, ou "Palavras", ele incluiu palavras de todas as espécies, atuais e antigas, que de alguma maneira requeriam comentário ou explicação. Como tantas obras dos eruditos dessa época, essa não sobreviveu, e só sabemos sobre ela por meio de referências posteriores. Aqui vai um extrato de um glossário que, datando de cerca de quatro séculos mais tarde, talvez basicamente se remeta a essa obra; mesmo se não o fizer, ele segue sua tradição:

> *melygion* Uma bebida cita. Glauco, em seu primeiro livro *A descrição de lugares que se encontra em direção à esquerda do Mar Negro:* "Quando os condutores concordaram, ele dispensou a assembleia, e eles, indo cada um para sua própria casa, prepararam o melygion". Esse drinque é mais intoxicante do que o vinho. É feito de mel fervido com água, com a adição de uma certa erva; visto que seu país produz muito mel e também cerveja, que eles fazem sem painço.
> *melôdia* Termo obsoleto para "tragédia". Ver Comentários de Calímaco.

A primeira entrada trata de um termo incomum, uma palavra emprestada de alguma língua falada na região do Mar Negro. Começa com uma sucinta definição de dicionário, acrescenta – exatamente como no nosso grande *Oxford English Dictionary* – um exemplo de seu uso, e fecha com uma amplificação de detalhes. A segunda entrada trata de um significado obsoleto para um termo comum, e fornece a fonte da informação (nada menos que o eminente Calímaco).

Estudos em língua e literatura continuam a ser a principal preocupação durante a última fase da erudição em Alexandria, desde a segunda metade do século II a.C. até 30 a.C., quando a ocupação romana do Egito levou ao fim o reinado dos ptolemeus. Os resultados foram resumidos nas obras de Dídimo, um estudioso tão infatigável que produziu 3.500 livros de acordo com uma autoridade, 4.000 segundo outra, e ganhou o apelido de Chalkenteros, "Coragem de Bronze", que é o tipo de coragem que ele assumiu para obter um resultado tão prodigioso. Coragem de Bronze viveu durante a segunda metade do primeiro século a.C., trabalhando arduamente na biblioteca enquanto o mundo ocidental estava sendo dilacerado pelas guerras civis romanas. Produziu comentários em abundância sobre a *Ilíada*, sobre a *Odisseia*, sobre as peças dos poetas cômicos – especialmente aquelas de Aristófanes –, sobre as peças dos poetas trágicos – especialmente Sófocles – e sobre as orações de Demóstenes. Redigiu inúmeros glossários, não sobre todas as palavras como fez Aristófanes de Bizâncio, mas de tipos particulares: glossário para os poetas cômicos, glossário para os poetas trágicos (esse tem pelo menos 28 livros a mais que a *Ilíada*), glossário de palavras difíceis, glossário de termos metafóricos, glossário de palavras corrompidas em significado.

As primeiras duas fases da erudição alexandrina produziram ferramentas indispensáveis de aprendizado, como a edição de texto autorizado, o comentário e o glossário. A última fase acrescentou mais uma: a gramática. O autor foi Dionysius Thrax, "Dionísio o Trácio". Era chamado assim porque seu pai tinha um nome que soava como Trácio; na verdade, ele era nativo da Alexandria, um dos poucos eruditos tratados aqui que nasceu naquela cidade. Foi aluno de Aristarco, e quando, numa reviravolta política em meados do século II a.C., seu professor foi forçado a deixar a cidade, ele também partiu e passou o resto de sua vida em Rodes. Todos os estudiosos de Alexandria, e particularmente o professor de Dionísio, tinham se envolvido, de uma forma ou de outra, com elementos e aspectos da gramática grega. A contribuição de Dionísio foi organizar o material em um todo coerente e, assim, tornar realidade o primeiro livro de gramática. Ao contrário dos muitos produtos da erudição alexandrina, a gramática sobreviveu e sabemos o que está contido nela. Em meras cinquenta páginas, Dionísio apresenta uma sucinta pesquisa da língua grega, começando com as letras do alfabeto e continuando através das várias partes da fala e suas formas, incluindo a declinação de nomes e conjugações de verbos. Permaneceu como a gramática padrão para os escolares gregos por mais de um milênio, até o século XX d.C. Os romanos tomaram-na como base para as suas gramáticas latinas, e assim ela se tornou o modelo para todas as gramáticas modernas.

★

Quanto tempo durou a Biblioteca de Alexandria? Somente até 40 a.C., quando ela foi destruída pelo fogo, dizem alguns. De modo algum, dizem outros; ela foi meramente danificada na ocasião, e não seriamente.

Em 50 a.C., César cruzou o Rubicão e precipitou a grande guerra civil entre ele e seus oponentes liderados por Pompeu. Dois anos depois, em Farsalos, no norte da Grécia, César obteve uma decisiva vitória, e Pompeu fugiu para Alexandria. Cesar, com apenas um punhado de navios e homens, saiu à sua caça. No momento em que chegou, Pompeu havia sido traiçoeiramente morto, mas César escolheu ficar. Cleópatra, filha do recém-falecido Ptolemeu XII, brigava com seu irmão para ver quem ficaria com o trono, e César estava interessado em apoiar a causa dessa cativante e talentosa jovem mulher. Quando a multidão de Alexandria foi incitada contra os romanos, a situação política explodiu em violência, e César, com suas escassas forças, se viu em dificuldades e perigo imediato. Ele se entrincheirou numa área do palácio que ficava próxima da orla marítima e, em determinado momento, para evitar o risco de "ser isolado de seus navios, foi forçado a repelir o perigo com fogo, e este, espalhando-se desde o estaleiro, destruiu a grande biblioteca". Assim escreve Plutarco em sua vida de César. O historiador Dião Cássio tem uma versão um tanto diferente: "Muitos lugares foram incendiados, e o resultado foi que, juntamente com outros prédios, os estaleiros e os armazéns de grãos e livros – conhecidos como os melhores tanto em número quanto em qualidade – viraram cinzas". Suas palavras foram tomadas no sentido de que a destruição não envolveu toda a biblioteca, mas foi limitada aos livros que por acaso estavam nos armazéns ao longo da água. Isso é reforçado por outras considerações. Dídimo, o chamado Coragem de Bronze, estava atuante nos anos posteriores a 48 a.C., e sua vasta e variada produção teria sido impossível sem que houvesse ao menos uma boa parte dos recursos da biblioteca à sua disposição. A biblioteca certamente existia durante o namoro de Marco Antônio com Cleópatra, nos dez anos que antecederam a Batalha de Ácio em 31 a.C., porque havia rumores de que Marco Antônio deu os 200 mil livros na biblioteca de Pérgamo, uma cidade dentro de sua esfera de comando, como um presente para a sua enamorada – um presente que só poderia ter sido destinado à Biblioteca de Alexandria. Plutarco, que relatou o incidente, comenta que a sua fonte não é muito confiável, mas a história, verdadeira ou não, não poderia ter sido contada se a biblioteca tivesse deixado de existir. Há indicações de que a biblioteca estava sendo usada durante o governo dos imperadores romanos subsequentes, pois existe um registro de uma nomeação imperial de um diretor para ela, e Cláudio (41-54 d.C.) construiu um anexo para essa biblioteca (ver Cap.7).

Os últimos Ptolemeus, aqueles que ocuparam o trono da metade do século II a.C. em diante, foram confrontados com crescente instabilidade social e outros problemas, e a biblioteca não mais gozou da atenção que seus predecessores tinham despejado sobre ela. Na verdade, alguns deles usaram a diretoria como um cartucho político: Ptolemeu VIII (145-116 a.C.) deu o cargo a um oficial da guarda do palácio, e Ptolemeu IX Sóter II (88-81 a.C.) a um dos seus apoiadores políticos.

Depois que Roma tomou o comando do Egito em 30 a.C., os imperadores mantiveram ambos funcionando, o Museu e a biblioteca. Mas a filiação ao Museu agora era uma concessão, em sua maior parte, não para homens do saber, mas para homens que haviam se distinguido nos serviços governamentais, militares e até mesmo atléticos – o equivalente, de certo modo, aos graus honorários atuais. A mesma coisa possivelmente aconteceu no caso dos diretores da biblioteca, se pudermos generalizar a partir do único exemplo que conhecemos sobre isso: Tibério Cláudio Balbilo, que serviu em alguma época perto da metade do primeiro século d.C., foi um administrador, oficial governamental e militar.

O fim da biblioteca provavelmente veio mais ou menos em 270 d.C., quando o imperador Aureliano, durante a supressão da insurgência do reino de Palmira, se envolveu em uma amarga luta em Alexandria. Durante o conflito, a região do palácio foi devastada, incluindo, presumivelmente, a biblioteca.

4

O crescimento das bibliotecas

Por volta do começo do século II a.C., existiam outras bibliotecas reais além da de Alexandria.

Havia uma biblioteca na capital dos Selêucidas em Antioquia, pelo menos no reinado de Antíoco III (222-187 a.C.), talvez até mesmo antes. Foi importante o suficiente para seduzir Eufórion, um renomado poeta erudito, a aceitar a oferta de Antíoco para o posto de diretor. Nada mais foi registrado sobre ela que, aparentemente, nunca teve muita fama.

A biblioteca que realmente adquiriu uma reputação foi criada pelos Atálidas de Pérgamo, uma dinastia cujo fundador, Filetero, era de origem humilde, um mero administrador empregado por Lisímaco, um dos generais de Alexandre. Na divisão original do império de Alexandre, a Lisímaco havia sido atribuída a Trácia – aproximadamente o que representam hoje a Bulgária e a Romênia –, mas, por volta do início do terceiro século a.C., ele teve êxito em conquistar e adicionar às suas propriedades uma parte da Ásia Menor, a qual incluía no seu canto noroeste a cidade de Pérgamo. Situada no topo de uma íngreme colina cônica, Pérgamo era uma fortaleza natural, e ali Lisímaco armazenou uma grande quantia do tesouro que havia acumulado ao longo dos anos, deixando Filetero no comando. Em 282 a.C. Seleuco, vizinho de Lisímaco na Ásia Menor, invadiu seu território, e Filetero, apostando que Seleuco poderia vencer, mudou a aliança. A aposta valeu a pena: Seleuco de fato venceu, e o administrador anterior, por meio de

- 61 -

uma combinação astuta de manobra política e sorte, terminou não somente como o dono do tesouro, mas também como governante de um pequeno respeitável principado que consistia em Pérgamo e nas terras férteis em torno dela. Seus sucessores fizeram do principado um florescente império, e de Pérgamo uma das mais belas cidades da Ásia Menor.

Os Atálidas compensaram suas origens humildes com muito patrocínio para sua arte. Eles tinham os requisitos – inteligência, gosto e, graças ao tesouro de Lisímaco e às riquezas das terras sob sua influência, dinheiro de sobra. Átalo I (241-197 a.C.), de quem a dinastia tomou o nome, escolheu a pintura e a escultura. Por meio de extravagantes aquisições, reuniu uma importante coleção – a primeira de arte particular registrada no mundo ocidental – e, através de incentivos aos melhores artistas de sua época, decorou a cidade com esculturas selecionadas. Eumenes II (197-160 a.C.) continuou o que Átalo havia começado e, além disso, tornou Pérgamo um centro de literatura e aprendizagem por, entre outras iniciativas, dar à cidade uma biblioteca que rivalizava com a de Alexandria. Tendo começado um século depois dos Ptolemeus, precisou perseguir as aquisições ainda mais avidamente. A história que se conta diz que as pessoas que viviam no território de Pérgamo, em cujas mãos a notável coleção de Aristóteles havia chegado, enterravam os livros em uma trincheira para escondê-los e impedi-los de cair nas garras reais. Para a localização de sua biblioteca, Eumenes escolheu um lugar bastante apropriado: um anexo do santuário de Atenas, deusa da sabedoria. Isso veio à tona quando as escavações revelaram seus restos – os restos da mais antiga biblioteca até agora.

A investigação arqueológica continuou em Pérgamo por mais de cinquenta anos, através do último quarto do século XIX e do primeiro do século XX. Ela revelou que o topo da colina de Pérgamo, que certa vez fora pouco mais que o local de uma fortaleza, foi transformado, sob o governo de Átalo e dos que vieram depois dele, em uma imponente área cívica guarnecida com esplêndidos edifícios. Entre eles, havia um templo dedicado a Atenas. Ele estava dentro de um santuário, abraçado por uma colunata, e ao longo do lado norte das colunatas, os escavadores desenterraram as fundações de quatro salas em uma fileira. Eles estão convencidos de que pertenciam à biblioteca. A que está situada mais ao ocidente é a maior, com aproximadamente 16 metros de comprimento e 14 metros de largura. Um pódio, com aproximadamente 9 metros de altura e 1 metro de largura, corre paralelo a essas duas paredes laterais como sua parede de fundo, separada delas por um espaço de cerca de 5 metros; mais ou menos no meio da parede de fundo, o pódio se alarga para formar uma plataforma de 2,74 metros por 1,5 metro. Uma colossal estátua de Atena foi encontrada no complexo do templo, além de algumas bases para bustos com inscrições dos nomes de Homero, Heródoto e outras notáveis figuras literárias. A estátua de Atena, segundo os escavadores, ficaria apoiada na plataforma, e os bustos, no pódio. Uma sala desse tamanho e com tal decoração, deduzem eles, teria servido como uma câmara para recepções, reuniões, conferências e assim por diante, para os cultos usuários da biblioteca. As outras três salas são menores e mais estreitas, medindo cerca de 13,4 metros de comprimento por 7 a 10 metros de largura, e essas três foram identificadas como armazéns: as paredes teriam sido alinhadas com prateleiras de madeira para guardar os rolos.

4.1 Biblioteca de Pérgamo antes de ser escavada.

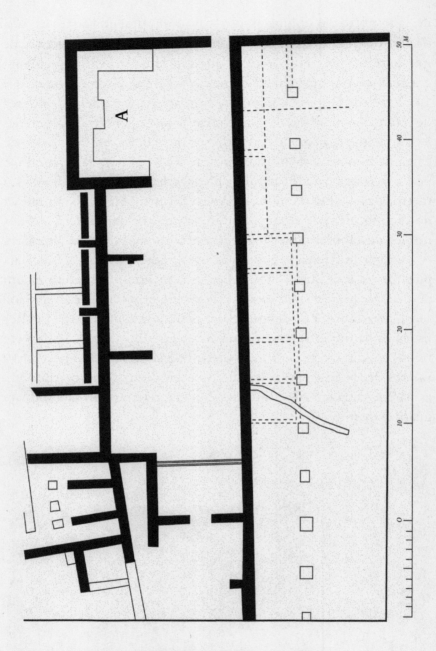

4.2 Planta da biblioteca em Pérgamo. A grande câmara A era para recepções, reuniões etc. A linha de três câmaras pequenas à sua esquerda continha os armazéns. O espaço antes das salas sob o abrigo da colunata era onde os leitores consultavam os rolos.

A única indicação que temos do tamanho da biblioteca provém de uma anedota, citada no capítulo três, sobre Marco Antônio entregando mais de 200 mil de seus livros como um presente para Cleópatra. Calculou-se que as três salas teriam espaço suficiente de armazenamento para acomodar aquele número. Cada uma tem uma porta que se abre para a colunata, o que teria permitido aos usuários levar os rolos para fora, onde havia luz abundante, para ler e estudar. Tal arranjo de salas ao lado de uma colunata provavelmente foi baseado na Biblioteca de Alexandria. Sabemos que um conjunto de *Pinakes*, tabelas que listavam os repositórios, foi elaborado em algum momento para a biblioteca de Pérgamo; isso, sem dúvida, seguiu o padrão estabelecido para Alexandria por Calímaco.

Se pudermos acreditar nos contos que circularam nos últimos séculos, os Ptolemeus não ficaram de modo algum satisfeitos em ter a supremacia de sua famosa instituição desafiada por uma dinastia emergente. Diz-se que Ptolemeu V (204-180 a.C.) trancou Aristófanes de Bizâncio na prisão por causa do rumor de que ele ia embora para se juntar a Eumenes em Pérgamo. Também foi dito que "por causa da rivalidade sobre as bibliotecas entre o rei Ptolemeu e o rei Eumenes, Ptolemeu parou com a exportação de papiro [...] e então os habitantes de Pérgamo inventaram o pergaminho". Uma vez que escrever sobre o couro era uma atividade habitual há muito tempo no Oriente Próximo, os habitantes de Pérgamo dificilmente poderiam ter "inventado o pergaminho". O que eles podem ter feito é aperfeiçoar a manufatura das peles e do couro para a escrita e adotar cada vez mais o seu uso, movimentos que podem muito bem ter sido impulsionados pelo desejo de reduzir a dependência de Pérgamo das importações do papel de papiro egípcio. Não há dúvida de que Pérgamo, sob o governo dos Atálidas, era um centro para a manufatura dessas peles. Os suprimentos de Roma eram tão exclusivamente originários dali que a palavra romana para a pele usada na escrita era *pergamena* "[papel] de Pérgamo" (daí o termo "pergaminho"). Mesmo se forem inventadas, essas histórias de rivalidade entre as duas dinastias devem refletir situações verdadeiras. Plínio o Velho, um polímata enciclopedista, não tinha dúvidas: ele se refere, de modo bastante prático, "aos reis de

Alexandria e Pérgamo que fundaram bibliotecas numa concorrência feroz". Como a prisão de Aristófanes de Bizâncio viria a indicar, a rivalidade se estendia ainda à acumulação de dignitários intelectuais, e nesse aspecto os Atálidas também foram bem-sucedidos. Um famoso estudioso chamado Crates estabeleceu residência em Pérgamo e lá promoveu o desenvolvimento de uma escola de estudo linguístico e crítica literária, cujas teorias foram corajosamente contra àquelas dos sábios de Alexandria. Em resumo, ele conseguiu ultrapassar Alexandria quando seus ensinamentos ganharam adeptos em Roma, a cidade que logo iria dominar a cultura do mundo ocidental. Isso aconteceu, em parte, como resultado de certa dose de má sorte que teve uma feliz consequência. Por volta de 168 a.C., Eumenes enviou Crates para Roma em uma embaixada, e enquanto caminhava na colina Palatino, "caiu em uma abertura de um encanamento de esgoto e quebrou a perna". O resultado feliz foi que "durante o tempo de sua embaixada e de sua recuperação, ele realizou inúmeras conferências e estava ensinando constantemente" – conferências e palestras suficientes para estimular seus ouvintes a praticarem o que ele pregava.

As abrangentes coleções em Alexandria e Pérgamo eram dirigidas aos eruditos e seus iguais. Havia bibliotecas de menor categoria para os leitores comuns?

Um fator que certamente favoreceu o crescimento de tais bibliotecas foi um aumento do nível de alfabetização. Platão, Aristóteles e outros pensadores gregos haviam mencionado a vantagem de ensinar todas as crianças a ler e escrever. O historiador grego Diodoro, escrevendo no primeiro século a.C., atribui a um antigo governante a aprovação de "uma lei em que todos os filhos de cidadãos deveriam aprender as letras, com a cidade contribuindo para o salário dos professores. Pois acreditava que aqueles que não tinham meios, incapazes de pagar as taxas por si próprios, acabariam sendo privados dessas nobres atividades". O que Diodoro relata é mais uma fantasia do que um fato, mas suas palavras indicam que estavam no ar visões esclarecidas sobre a educação. Por volta da época helenística, essas visões se tornaram mais do que apenas uma mera conversa: havia movimentos para implementá-las.

Uma inscrição datada do segundo século a.C. encontrada em Teos, uma cidade na costa da Ásia Menor, exatamente ao sul de Esmirna, registra que um cidadão deixou uma soma em dinheiro para a cidade, cuja renda devia garantir "que todas as crianças nascidas livres receberiam educação". Três professores deveriam ser contratados, um para cada um dos três graus de instrução oferecidos, e o doador diz claramente que os professores "lecionarão a meninos e meninas". Três professores, mesmo com classes enormes, dificilmente poderiam ter administrado todas as crianças de uma população que deveria estar perto dos milhares. Mas outros cidadãos filantrópicos podem muito bem ter criado dotações para o mesmo fim; sabemos sobre esse caso somente porque a pedra na qual a citação estava inscrita sobreviveu. O mesmo aconteceu com uma pedra registrando uma dotação similar para a cidade de Mileto, ao sul de Teos; em 200 ou 199 a.C., um cidadão dali deixou um generoso fundo, cuja renda deveria ser para os salários de quatro instrutores esportivos e quatro professores de letras. Aos olhos do doador, os professores eram mais importantes, pois deveriam receber remuneração 25% maior. Muito provavelmente somente meninos estavam envolvidos, uma vez que meninas não são especificamente mencionadas. Os Atálidas, sempre ansiosos em manter sua reputação como apoiadores da cultura, incluíram a educação, entre os alvos de sua caridade. Eumenes contribuiu para Rodes com uma imensa quantidade de grãos, que deveria ser convertida num fundo "cujos juros eram para salários de educadores e professores dos filhos [dos cidadãos]". Seu sucessor, Átalo II (160-139 a.C.), em resposta a uma solicitação da cidade de Delfos para ajudar com a educação, doou uma soma em dinheiro "para ser um eterno presente para todos os tempos de modo que os salários dos professores fossem pagos regularmente". O pagamento deveria vir dos juros produzidos por essa soma, e ele até mesmo estipulou a taxa de juros que os administradores do fundo deveriam obter com o dinheiro: 6,66%.

Há inúmeros outros lugares onde foram encontradas inscrições atestando doações, tanto privadas quanto públicas, para o apoio de professores. Mesmo os exigentes Ptolemeus contribuíram com sua parte, ainda que apenas na medida em que isentaram os professores de certos impostos.

Nada disso prova a existência de qualquer coisa similar a uma educação universal, nem mesmo uma educação particularmente abrangente. Mas realmente indica, pelo menos para o terceiro e o segundo séculos a.C., um nível muito mais alto de educação nunca antes visto, e deduz-se que, analogamente, deve ter havido um elevado nível de alfabetização. Graças a uma circunstância especial, prova disso está na forma de verdadeiros escritos feitos, por assim dizer, pelo homem comum.

Esses escritos vieram do Egito, e a circunstância especial que tornou possível sua sobrevivência foi o clima. O papel de papiro, como observamos acima, era o material padrão de escrita dos tempos antigos. Em terras sujeitas à precipitação normal, ele não dura, uma vez que a umidade o destrói. No Egito, exceto pela região do delta, as chuvas são escassas – em alguns lugares não há nenhuma –, de modo que escritos em papiros deixados em escaninhos ou jogados no lixo não se deterioraram ou desapareceram, mas permaneceram no mesmo lugar onde estavam, adquirindo gradualmente, ao longo dos séculos, uma manta protetora das areias áridas do país. Como resultado, milhares e milhares desses escritos, desenterrados por camponeses ou escavados por arqueólogos, têm sido recuperados, às vezes com a tinta sobre eles tão fresca como no dia em que foram escritos. Eles são de todas as espécies, desde a impecável correspondência de altos oficiais até listas rabiscadas de roupas para lavar. Suas datas variam de cerca de 300 a.C. até 700 d.C., desde quando Ptolemeu I tomou o Egito, através dos séculos do governo romano e ptolemaico, até a conquista árabe. A grande maioria é escrita em grego, língua do governo e da população letrada.

Os achados revelam quão crucial a alfabetização era para o governo dos Ptolemeus. Por muito tempo, os faraós exerceram um abrangente controle centralizado sobre todo o país por meio de uma organizada burocracia de escribas egípcios profissionais. Os Ptolemeus assumiram a máquina do governo dos faraós, mas tiveram que criar sua própria burocracia composta por secretários, funcionários, auditores e assim por diante, que sabiam como ler e escrever em grego. Uma multidão de documentos sobreviventes relativos aos assuntos governamentais atesta o verdadeiro exército desse pessoal que deve ter estado a seu serviço. Uma grande quantidade de outros documentos é testemunha de como muitos dos gregos estabelecidos no Egito na sequência da tomada do controle pelos Ptolemeus eram alfabetizados, capazes de lidar pessoalmente com a burocracia governamental escrita, capazes de elaborar os seus próprios papéis de negócio, capazes de escrever suas próprias cartas e coisas semelhantes, sem ter que depender de escribas profissionais.

Aqueles que eram alfabetizados não limitavam suas leituras apenas a fins utilitários. Em uma carta para um amigo, um residente de uma cidade egípcia escreve: "Se você já copiou os livros, envie-os, assim teremos algo que ajude a passar o tempo, porque não temos ninguém com quem conversar". Havia muitos egípcios que, como esse, eram pessoas que liam para passar o tempo. Temos os restos do que eles liam para provar isso: entre os escritos em papiro que foram encontrados juntamente com os papéis governamentais, as reclamações para oficiais, os arrendamentos, os empréstimos, as cartas e os memorandos, entre outros, às vezes havia partes de peças literárias, às vezes obras inteiras. Nenhuma delas foi descoberta em Alexandria, uma vez que esta cidade se situa na úmida região do delta, onde o papiro não consegue sobreviver. Podemos acreditar que a cidade, sede da burocracia dos Ptolemeus e grande centro cultural, tinha tantos leitores como qualquer outro lugar no mundo antigo. Os escritos literários que sobreviveram vieram do restante do Egito e revelam que a leitura de livros continuou vigorosamente fora da capital e por toda a Terra, até mesmo, como foi mostrado na carta que acabamos de citar, em vilarejos. Também revelam quais autores as pessoas liam e, se podemos confiar em uma estimativa aproximada baseada no número de restos encontrados de cada um, quais autores eles preferiam.

Homero lidera por ampla margem, com a *Ilíada* sendo mais favorecida do que a *Odisseia*, preferências que se mantiveram pelo restante da Antiguidade. O vice-campeão era Eurípides. Claro, uma das razões para os muitos achados desses dois é que ambos eram usados nas salas de aula, então um grande número de cópias de alunos deve ter existido. Mas há achados que inquestionavelmente representam cópias pertencentes a indivíduos, tal como o rolo lindamente escrito contendo o segundo livro da *Ilíada* que os arqueólogos encontraram abaixo da cabeça da múmia de uma mulher, ou o rolo contendo um longo poema dramático pelo músico poeta Timóteo que eles descobriram em um caixão acomodado ao lado do corpo. E lá foram encontradas outras dezenas de escritos de vários tipos – comédias contemporâneas, obras filosóficas, obras históricas, obras matemáticas, manuais técnicos, escritos de autores obscuros, inclusive de autores até então por nós desconhecidos – que só podem ter vindo de coleções particulares.

Como os proprietários adquiriam seus livros? Compravam de vendedores de livros? Encomendavam de um *scriptorium* ou de uma loja de cópias? Eles próprios escreviam os livros?

As obras de Homero, provavelmente também as de Eurípides, e talvez as de outros autores conhecidos, possivelmente estavam disponíveis nas lojas de livros em Alexandria. Mas as cópias de quaisquer outros devem ter sido escritas por encomenda. Há evidências que apontam para isso. Existem inúmeros exemplos em que um texto literário foi escrito nas costas de um documento de negócios ou governamental, ou algo parecido. A melhor explicação é que o proprietário do documento o guardou em um arquivo até que não fosse mais necessário, e então usou as costas para copiar a obra literária. Ele mesmo pode ter feito a cópia ou pode ter levado o documento para uma loja, pagando pelo trabalho do escriba, mas economizando o material de escrita.

Agora, chegamos a uma questão crucial. Quando uma obra era encomendada em uma loja, onde os escribas conseguiam uma cópia para reproduzi-la? Quando um indivíduo queria um determinado livro e estava preparado para copiá-lo ele mesmo, onde obtinha o exemplar para reproduzi-lo? Se a obra envolvida fosse a *Ilíada* ou a *Odisseia*, ou uma peça de Eurípides, a loja podia muito bem ter uma cópia nas suas próprias prateleiras, enquanto um indivíduo podia, muito provavelmente ser capaz de pedir emprestado o exemplar de um amigo ou conseguir que o amigo fizesse a cópia, como fez o autor da carta citado anteriormente. Mas e quanto às obras mais raras? Havia sido encontrada uma cópia da *Constituição de Atenas*, de Aristóteles, com escritos de quatro diferentes mãos profissionais, nas costas de quatro rolos que na frente contêm registros de negócios de uma propriedade privada. Nesse caso, o proprietário claramente encomendou sua cópia de um *scriptorium*, fornecendo o papel para o trabalho. Então, a loja que assumiu a tarefa deve ter solicitado acesso à Biblioteca de Alexandria e trabalhado a partir de uma cópia de lá.

Mas o que acontecia quando lojas e indivíduos estavam em alguma cidade que não fosse perto de Alexandria ou Pérgamo? Haveria bibliotecas locais ou nas proximidades das cidades? Bibliotecas que, ainda que não pudessem ser comparadas às grandes coleções reais, fossem capazes de suprir as obras dos autores tradicionais?

Temos pouco para continuar especulando, mas o suficiente para indicar que apenas umas poucas cidades se vangloriavam de ter bibliotecas. Como muitas bibliotecas de hoje, essas eram mantidas, ao menos em partes, pela caridade privada, por doações dos cidadãos. De fato, é por causa disso que sabemos sobre elas: os doadores eram recompensados com a inscrição de seus nomes em pedras, que eram afixadas em um lugar público, e algumas dessas pedras sobreviveram. Sabemos, por exemplo, que havia uma biblioteca na ilha de Cós, perto da costa ocidental da Ásia Menor, porque temos uma inscrição datando do começo do segundo século a.C. que lista homens que prometeram contribuições para ela: essa parte preservou registros de que um pai e filho pagaram pelo prédio e, além disso, doaram cem dracmas; quatro outras pessoas doaram duzentos dracmas cada e cem livros; duas outras deram, cada uma, duzentos dracmas. As contribuições em dinheiro sem dúvida foram para comprar livros. Inscrições similares atestam a existência de bibliotecas em Atenas, Rodes e em outros lugares.

Todas essas bibliotecas podem ter estado ligadas ao ginásio, um local tão padrão em uma cidade grega como eram sua ágora ou seu teatro. No começo e até o quinto século a.C., o ginásio era apenas uma área onde era dado treinamento atlético e militar para os homens jovens da cidade, função da qual deriva o moderno significado do termo. Na época helenística, ele se tornou também um centro de aprendizagem e educação, com instalações para a realização de aulas, palestras, conferências e assim por diante. Uma biblioteca seria um complemento adequado para tal instituição. Sabemos com certeza que pelo menos um dos ginásios de Atenas possuía uma biblioteca.

Esse era o caso do ginásio *Ptolemaion*, no centro da cidade, próximo da ágora; suas estruturas devem ter sido um presente de um dos Ptolemeus, por isso o nome. Uma série de inscrições se refere a doações regulares para a sua biblioteca; cada uma registra que, no ano anterior, os *ephêboi* de Atenas – um corpo formalmente constituído de homens jovens de boas famílias, geralmente associados a um ginásio – tinham doado cem livros. Uma delas oferece um detalhe muito bem-vindo, a informação de que o presente incluía uma cópia da *Ilíada* e uma obra de Eurípides; essas, muito provavelmente, eram cópias duplicatas ou substituições de cópias desgastadas.

Outra inscrição, que muito provavelmente se refere à biblioteca do *Ptolemaion*, é mais esclarecedora. Trata-se de uma lista de nomes de autores seguidos de um variado número de títulos de seus livros. A pedra é apenas uma parte do original, então a lista está incompleta. No entanto, vários nomes estão preservados para tornar claro que a maioria dos repositórios consistia em escritores muito bem conhecidos, particularmente de drama, comédia e tragédia. Eurípides é representado por mais de duas dúzias de títulos, Sófocles por mais de uma dúzia. Dífilo e Menandro, dois dos mais celebrados escritores de comédia na época helenística, são representados, o primeiro por quase uma dúzia de títulos, o segundo, por pelo menos três. Somente duas obras de prosa aparecem na lista: uma é um discurso de Demóstenes e a outra é uma obra de um ensaísta relativamente obscuro. A lista dos títulos revela certo arranjo original em ordem alfabética, que, aparentemente, chegou um pouco atrapalhado às mãos do talhador da pedra. As obras de Eurípides, por exemplo, incluem a sequência: *Thyestes, Theseus, Danae, Polyis, Peliades*. Foi sugerido que a inscrição é um registro de doações; talvez os vários lotes de contribuições estivessem em ordem alfabética quando foram submetidos à gravação, e então sofreram uma desorganização quando foram reduzidos a uma única lista. Também é possível que a inscrição seja parte de uma listagem de catálogo. Se for este o caso, dificilmente seria de fácil utilização.

Em Rodes, por outro lado, foi encontrado um fragmento de uma inscrição que é, definitivamente, parte de um catálogo, e um catálogo que pode muito bem ter sido obra de um bibliotecário treinado. Entalhado na parede, ele lista autores em ordem alfabética e, sob cada um deles, os títulos das obras. O primeiro título se encontra ao lado do nome e o resto está ajustado sob o nome, cada um numa linha separada. No lado oposto de cada título, bem à direita, há um algarismo que fornece o número de livros na obra. Aqui está um extrato que ilustra o arranjo:

Hegésias, *Louvadores dos Atenienses*
    Aspásia — um
    Alcibíades — um
Teodete, *Arte (sc. De Retórica)* — quatro
    Sobre os Anfictiões — um
Teopompo, *Sobre Esparta* — um
    Sobre os Pan-Jônios — um
    Mausolo — um

Os livros foram aparentemente catalogados por assunto: os títulos nesta peça sobrevivente são todos de discursos ou ensaios que tratam de política ou de história. Ter os títulos inscritos na parede era de grande conveniência para os usuários: eles podiam determinar, num piscar de olhos, se a coleção incluía uma obra que eles queriam consultar de forma muito mais rápida do que desenrolando um rolo – o qual, além do mais, se desgastaria rapidamente pelo uso repetido. De fato, adicionar os nomes das novas aquisições apresentaria um problema. Talvez a biblioteca tivesse um conjunto fixo de propriedades. Talvez, considerando que os livros novos não chegavam em profusão como acontece hoje, as novas aquisições, sendo relativamente poucas, fossem registradas num rolo. A biblioteca muito provavelmente era parte do ginásio, uma vez que outra inscrição, encontrada na mesma área, menciona "oficiais do ginásio".

Em resumo, qualquer informação que tenhamos, embora escassas e dispersas, revelam que, na época helenística, Atenas, Rodes e inúmeras outras cidades definitivamente tinham bibliotecas. Em Atenas certamente, e em Rodes, muito provavelmente, a biblioteca era ligada a um ginásio. Se fizermos a razoável suposição de que isso era verdade para a maioria dos ginásios, então existiram bibliotecas em mais de cem cidades onde os ginásios foram confirmados. Elas eram mantidas por contribuições em dinheiro e livros, feitas pelos membros da comunidade. Em Atenas, local de nascimento do drama, a lista de propriedades incluía inúmeras tragédias e comédias produzidas por renomados escritores de peças de teatro. Em Rodes, a biblioteca, sendo um famoso centro para estudos retóricos, tinha pelo menos uma seção dedicada aos discursos e ensaios que diziam respeito à política e história.

5

O começo
Roma

A Sicília e a parte sul da península da Itália haviam sido colonizadas pelos gregos do século VIII a.C. Por meio do comércio e das viagens, sua cultura altamente desenvolvida e seu conveniente sistema alfabético de escrita, tornaram-se conhecidos pelos vários povos ao norte, acima de tudo pelos etruscos que, desde o século VII até o século IV a.C., dominaram a parte central da península. Os etruscos tomaram posse do alfabeto grego e o adaptaram para a escrita etrusca. Justamente ao sul deles, e em contato próximo com eles, viviam os romanos. Eles se apoderaram do alfabeto etrusco e o adaptaram para escrever em latim. Dessa forma, o alfabeto latino – o ancestral do nosso próprio alfabeto – é o alfabeto grego peneirado através de um intermediário etrusco.

Os primeiros escritos no novo alfabeto que sobreviveram são meras inscrições curtas e datam do século VI a.C. Nos séculos seguintes, apareceram textos mais extensos, de natureza prática, tais como rituais sacerdotais ou leis que haviam sido promulgadas. Foi somente em 240 a.C. que as primeiras obras de literatura em latim passaram a ter registro histórico: em um festival realizado naquele ano, Lívio Andrônico apresentou traduções latinas de uma comédia e de uma tragédia gregas.

Até essa data, a literatura grega já tinha passado por quase meio milênio de desenvolvimento, fora coletada e preservada na grande Biblioteca de Alexandria e tinha sido difundida por todo o mundo grego. Lívio revela a enorme dívida que a literatura em latim tinha com seu predecessor grego desde o início: ele era grego de nascimento e seus escritos eram traduções para o latim de obras gregas. Lívio era possivelmente nativo de Taranto, uma das maiores cidades do sul da Itália e um centro da cultura grega, e foi levado a Roma como prisioneiro de guerra. Lá, tornou-se escravo na casa da família Livii, uma família distinta e, quando eventualmente foi libertado, assumiu o nome de seu mestre, como era de costume. Viveu até o fim do século III a.C. e produziu um considerável número de traduções – como da *Odisseia* de Homero, de pelo menos oito tragédias gregas e de umas poucas comédias gregas. Nenhuma dessas obras sobreviveu até os dias de hoje, mesmo que os romanos, respeitosamente, as tenham mantido vivas até muito depois de sua morte. Horácio, o maior poeta lírico romano, que escreveu nas últimas décadas do primeiro século a.C., relembra que, como um aluno da escola, seu mestre, "grande açoitador", fez com que ele aprendesse de cor algumas obras de Lívio.

Como Lívio conseguiu cópias dos originais que traduziu? Nessa época não havia vendedores de livros em Roma. Um romano que quisesse um livro deveria enviar um mensageiro até um dos centros gregos do sul da Itália, onde podiam ser encontrados fornecedores. Isso poderia não ser um problema para as pessoas de posses, mas certamente era uma questão difícil para aquelas pessoas semelhantes a Lívio. Como pudemos ver, do século IV a.C. em diante era comum no mundo grego a posse de bibliotecas particulares por parte de famílias que tinham dinheiro e interesse literário. Como veremos em breve, por volta do século II a.C. os romanos da classe alta haviam se tornado admiradores entusiasmados da cultura grega: aprenderam a língua, mergulharam na literatura e reuniram coleções das obras gregas. A carreira de Lívio, resumindo-se apenas a traduções do grego, é um claro sinal de que Roma já se gabava desses admiradores nessa época. E a família Livii devia estar entre eles, a julgar pela conexão do tradutor com ela. Assim, os Livii devem ter possuído uma coleção de clássicos gregos para colocar à disposição do seu talentoso empregado, e podem até mesmo ter comprado cópias para ele.

Durante os últimos anos de Lívio, já perto do fim do século III a.C., uma figura – chave aparece no cenário literário romano:

Plauto, o primeiro autor latino cujas obras sobreviveram. Todas são adaptações de comédias gregas do tipo conhecido como Nova Comédia Grega. Escritas para os palcos atenienses desde 350 até 250 a.C., elas ganharam imediata popularidade em todos os lugares do mundo grego e mantiveram-se assim durante muitos anos, por meio de reapresentações. Na época de Plauto, as apresentações das Novas Comédias Gregas podiam ser vistas em quaisquer dos centros gregos do sul da Itália.

Plauto nasceu em Sarsina, uma cidade na Úmbria. De alguma maneira ele conseguiu tanto aprender grego quanto adquirir um domínio do latim com maestria. Para seus originais gregos, Plauto pegou basicamente as linhas gerais da trama e do elenco dos personagens; toda a linguagem é dele próprio. Emprega formas de verso que são, de longe, mais complicadas do que aquelas usadas no grego, e escreve diálogos que são infinitamente mais vigorosos e coloridos, que brilham com trocadilhos, aliterações, intricados jogos de palavras e reviravoltas marcantes. Seu objetivo com essa proposta era prender a atenção do seu público – que consistia em pessoas comuns da população –, porque em Roma, as peças de teatro eram colocadas como parte do entretenimento em festivais públicos e tinham que competir com lutas de boxe, caminhadas na corda-bamba, concursos de gladiadores e afins. Os oficiais encarregados de um dado festival assinavam um contrato com o gerente de uma trupe de atores para que eles fizessem uma apresentação teatral. Este comprava uma peça de um escritor, preferivelmente de uma *fabula palliata* "representada com manto grego" – ou seja, uma versão latina de uma Nova Comédia Grega, o tipo de drama que o público mais gostava. Então, examinava o figurino e os adereços, o ensaio da peça, a encenação. Plauto ganhava a vida fornecendo tais roteiros.

Sabemos de cerca de cinquenta comédias que Plauto adaptou do grego – vinte que chegaram até nós e cerca de trinta outras cujos nomes estão registrados. Conhecemos a fonte no caso de sete das peças sobreviventes: seis são baseadas em obras de Menandro, Filémon e Dífilo, o trio de dramaturgos que eram as estrelas da Nova Comédia Grega, e uma é baseada em uma obra de certo Demófilo, que, de resto, é desconhecido. A vasta gama de autoria de seus originais gregos prova que Plauto teve acesso a uma coleção grande o bastante para oferecer uma abundância de escolhas. Ele não era, como Lívio, o protegido de uma nobre família romana. Ganhou a vida vendendo peças e elas não o tornaram um homem rico; na verdade, vez por outra não tinha dinheiro. A história que se conta é que três peças dele foram escritas em seu tempo livre em um trabalho em que girava uma mó. Ele estava reduzido a esse trabalho, a mais baixa forma de trabalho manual, quando entrou em um negócio de certo risco e perdeu todo o dinheiro que ainda tinha. A história é provavelmente muito exagerada, mas seu ponto é claro: Plauto era pobre. Homens pobres não estavam em posição de comprar cópias de peças gregas.

Como, então, ele conseguia aqueles textos para trabalhar? Certamente, não de nenhuma das famílias de Roma que tinham bibliotecas particulares. Plauto era estritamente um homem de teatro, não tinha *entrée* para isso. Mesmo se tivesse, isso não teria feito nenhum bem a ele. Essas coleções teriam consistido nos renomados clássicos da literatura grega com, na melhor das hipóteses, umas tantas obras de Menandro e outros autores populares da Nova Comédia Grega. Para suas adaptações, Plauto usava uma gama de peças tão abrangente que incluía uma das figuras mais obscuras: Demófilo.

Quem em Roma poderia ter tal coleção? Para responder essa pergunta, é preciso ter em mente uma figura-chave no teatro romano da época de Plauto: o gerente, a combinação de produtor moderno e diretor que contratava a apresentação de uma peça, pagava o escritor e cuidava da encenação. O escritor provavelmente nem se incomodava em manter uma cópia da peça para o seu proveito, pois seu interesse no texto acabava assim que ele o entregava. Como disse Horácio sobre Plauto, "ele estava interessado em guardar dinheiro em seu cofre, não se importando se a peça iria ficar de pé ou cair". Em todo caso, o roteiro não pertencia a ele, mas sim ao seu gerente. Os gerentes de fato tinham boas razões para manter os roteiros das peças que compravam: – eles seriam usados para a realização de novas montagens. Assim, ao longo do tempo, automaticamente teriam acumulado uma coleção deles. Desse modo, é bastante provável que os gerentes também tenham acumulado uma coleção dos originais gregos usados para as versões latinas. Eles ganhavam dinheiro para si mesmos e para suas empresas incumbindo-se de apresentar uma peça em latim. Entravam em acordo com um escritor para conseguir o texto; se nenhum aparecesse, eles estariam perdidos. O único passo que podiam dar para garantir essa necessidade vital era fazer com que o escritor tivesse um texto grego para adaptar – melhor ainda se o escritor fosse exigente em relação ao que adaptar, pois teria uma seleção a partir da qual escolher. Aqui, então, está a fonte mais provável dos originais gregos a partir dos quais Plauto trabalhou: coleções que estavam nas mãos dos gerentes com quem ele lidou. Os gerentes tinham razões para adquirir textos e tinham dinheiro para fazer isso. Eram, acima de tudo, sólidos homens de negócios que mantinham trupes de atores e conduziam negociações com oficiais romanos. Poderiam se dar ao luxo de enviar pessoas para visitar os vendedores de livros em Taranto ou Siracusa a fim de comprar cópias. E, a julgar pelo alcance da produção de Plauto, eles não economizavam na compra.

Dessa forma, nas décadas finais do século III a.C. e nas primeiras décadas do século II a.C., aparentemente eram encontradas em Roma dois tipos de bibliotecas particulares: coleções gerais de clássicos gregos pertencentes a famílias prósperas e abrangentes coleções de dramas gregos e latinos pertencentes aos gerentes teatrais.

Como observamos, uma ávida incorporação da cultura grega em Roma já estava em curso no século III a.C. Por volta de meados do segundo século, ela estava sendo vigorosamente promovida por um círculo de nobres romanos cujo líder era Cipião Emiliano. Cipião estava, na verdade, imbuído do espírito grego: diz a história que, durante a terceira e final guerra entre Roma e Cartago, em 146 a.C., na qual comandou as tropas romanas que derrubaram as últimas defesas de Cartago e incendiaram a cidade, ele, enquanto assistia as chamas subirem, expressou seus sentimentos nesse momento histórico citando um par de frases da *Ilíada* de Homero. Seu pai, Emílio Paulo, vinte e dois anos antes havia levado ao fim o império macedônio com sua vitória na Batalha de Pidna. Ele não capturou nenhum espólio para si, mas permitiu que Cipião e um outro filho, ambos "amantes da aprendizagem" – o que naquela época significava aprendizes de grego –, levassem adiante a biblioteca real.

Uma vez que falar grego e ter familiaridade com a literatura grega eram ingredientes comuns na vida cultural da classe alta romana de então, muitas famílias devem ter reunido pelo menos uma modesta biblioteca contendo obras de autores tradicionais. A única coleção que realmente sabemos ter existido foi a antiga biblioteca macedônia que Cipião e seu irmão adquiriram por meio de seu pai. Essa, sem dúvida alguma, era grande e variada, já que, provavelmente, tinha sido iniciada por volta do final do século V a.C. pelo rei Arquelau, que estava tão enamorado da cultura grega que atraiu Eurípides e outros expoentes da literatura ateniense para visitar a corte macedônia. E a biblioteca, muito provavelmente, havia sido enriquecida por Antígono Gônatas, cujo longo reinado (277-239 a.C.) foi marcado por seu patrocínio às artes. Assim, Cipião era capaz de oferecer aos escritores romanos que gozavam de sua amizade acesso aos escritos gregos que não faziam parte da corrente principal. Peguemos como exemplo Ênio, que os romanos consideravam o pai da literatura latina. Entre as muitas obras que produziu, estava uma tradução para o latim do único conto utópico-filosófico de Evêmero sobre uma viagem imaginária para ilhas inexploradas no Oceano Índico. Ênio deve ter conseguido o texto grego dessa peculiar obra com Cipião, visto que Evêmero tinha passado mais de uma década no tribunal macedônio e, certamente, tinha providenciado para que houvesse cópias de suas obras na biblioteca real.

Então, podemos deduzir que existiam coleções não tão extensas como a de Cipião, mas certamente aprofundadas em determinadas áreas. Caio Sulpício Galo, um homem que Cícero considerava como "aquele que entre a nobreza romana mais se dedicou ao estudo das letras gregas", era um especialista em astronomia. Pouco antes da Batalha de Pidna, Emílio Paulo pediu a ele que conversasse com as tropas e desse a explicação científica sobre um iminente eclipse lunar para que os homens não considerassem aquilo um presságio misterioso e assustador. Pouco depois, Galo escreveu um livro sobre eclipses.

Ele deve ter possuído uma biblioteca que, além de ser muito bem sortida de autores gregos conhecidos a ponto de merecer o elogio de Cícero, incluía uma série completa de obras gregas sobre astronomia que possibilitavam a ele cultivar sua especialidade. Galo provavelmente conseguiu com Cipião o texto de um poema didático muito conhecido sobre as constelações, escrito pelo instruído poeta Arato. Arato tinha escrito o poema por sugestão de Antígono Gônatas, e deve ter havido uma cópia na biblioteca da Macedônia, mas essa obra era muito elementar para um sério estudioso do assunto como Galo. O que ele precisava provavelmente só poderia ser encontrado na Biblioteca de Alexandria. Presumivelmente, ele encomendou que fossem feitas cópias e que elas fossem enviadas para Roma.

Outra área especializada representada em Roma era a história, fato que fica claro pelas declarações de Políbio. Ele era o líder militar e político grego que, levado para Roma como refém após a Batalha de Pidna, tornou-se amigo íntimo de Cipião, viveu em Roma e compilou uma longa história dos romanos. Essa obra se concentrou nos cinquenta anos a partir da eclosão da segunda das grandes guerras entre Roma e Cartago, a chamada Segunda Guerra Púnica (218-202 a.C.), na qual Aníbal quase foi o vencedor, até a destruição por Emílio Paulo do império macedônio em 168. Escreveu em grego, uma vez que seu objetivo era explicar ao mundo grego o que tornou possível aos romanos crescerem tão rapidamente até tal ápice de poder. Várias de suas observações indicam que ele consultou as obras de numerosos escritores. Obviamente, Políbio estava familiarizado com a monumental história da Sicília escrita por Timeu, pois como nos diz, continuou seu livro introdutório "do ponto onde Timeu parou". Sabemos que teve acesso a outros autores por causa dos julgamentos que faz sobre eles. Censura Teopompo, autor de uma longa história da época de Felipe II, pai de Alexandre o Grande, por contar mentiras, ser ácido e falar demais. Filarco, que tratou da história da Grécia no terceiro século a.C., era considerado por Políbio como um escritor sensacionalista. Filino, que se ocupou da Primeira Guerra Púnica, é muito descaradamente pró-Cartago. As obras de Querea e Sosilo, que devem ter tratado da Segunda Guerra Púnica, uma vez que ambos os homens aparentemente fizeram parte da comitiva de Aníbal, eram nada mais que "fofoqueiros tagarelas". Ele confere notas altas às memórias de Arato, antes de tudo um político e líder militar no Peloponeso na segunda metade do século III a.C.

Políbio, portanto, deve ter reunido uma coleção de histórias que variava dos autores famosos, como Timeu, até os relativamente obscuros, como Querea e Sosilo. Não temos nenhuma ideia de como ele conseguiu aquelas obras. Algumas poderiam estar entre as propriedades de Cipião e outras poderiam ser cópias que ele encomendou daquelas que pertenciam à nobreza, de quem era íntimo. O que não podia ser encontrado em Roma teria procurado onde pudesse ser obtido. Cipião viajava em demasia, e isso deve ter proporcionado oportunidades de fazer aquisições. Em uma parada em Atenas, por exemplo, pode ter produzido uma cópia da história de Timeu, porque Timeu escreveu sua obra naquela cidade, e Atenas, como vimos, é o local onde os vendedores de livros tiveram sua aparição registrada pela primeira vez.

Todas as indicações são de que, por volta da metade do segundo século a.C., havia copiosos recursos de bibliotecas na cidade de Roma. Elas eram particulares, eram dispersas e eram abertas para uns poucos selecionados – mas estavam ali.

Na primeira metade do próximo século, os recursos das bibliotecas de Roma foram enriquecidos pelas guerras travadas na Grécia e na Ásia Menor. Guerra significava pilhagem, e a oportunidade de pilhar oferecia, em certos lugares, uma rápida maneira de se adquirir uma biblioteca. Foi o que possibilitou a Emílio Paulo trazer para Roma sua primeira biblioteca registrada. Agora, permitia a Sula, a figura política dominante da segunda década do século, e a Lúculo, o comandante militar dominante da terceira década, acrescentar duas outras.

A pilhagem de Sula incluiu um prêmio real: nada menos do que a grande coleção de Aristóteles. Esta, como mencionamos anteriormente, devido a caprichos de herança, tinha ido parar nas mãos de uma obscura família que vivia no Império de Pérgamo, e a manteve armazenada no subsolo para salvá-la de ser confiscada pelos agentes do rei. Eventualmente, ela foi vendida para um bibliófilo, Apelicão, que a trouxe para Atenas. Em 86 a.C., Sula capturou Atenas e, que pouco tempo depois Apelicão morreu, apossou-se de seus livros e os levou para Roma. Foi literalmente um golpe de sorte: os livros incluíam algumas obras de Aristóteles e de seu sucessor, Teofrasto, que não estavam disponíveis em nenhum outro lugar. Uma boa dose de reparos foi necessária antes que eles pudessem ser explorados, uma vez que, durante os anos em que ficaram no subsolo, a umidade e os vermes provocaram danos consideráveis. Apelicão fez cópias com a restauração do texto onde este havia sido destruído, mas por ser um amante do livro e não um erudito, o trabalho, feito sem a supervisão adequada, produziu cópias repletas de erros. Depois da morte de Sula, a coleção passou para seu filho Fausto, que parece ter tido pouco interesse nela, deixando-a aos cuidados de um bibliotecário-chefe. Tirânio, um sábio grego que morava na Itália e era perito no manuseio e organização de livros, conseguiu abrir seu caminho caindo nas boas graças do homem, sendo autorizado a rever as propriedades e colocá-las em condições de serem utilizadas.

A biblioteca de Lúculo era derivada do espólio recolhido no curso de sua triunfante campanha militar no norte da Ásia Menor. Privado do seu comando em 66 a.C., praticamente deixou o cenário público e, com a ajuda da vasta riqueza que tinha acumulado como um general vitorioso, entregou-se a uma vida de extravagante autoindulgência. Manteve uma suntuosa residência urbana em Roma e várias outras casas de campo igualmente suntuosas, e nelas instalou bibliotecas onde estocou os livros que havia recuperado. Aparentemente, as bibliotecas, eram estruturadas na forma que conhecemos a partir dos restos de Pérgamo: um complexo de salas para os repositórios, colunatas onde os usuários podiam trabalhar e salões onde podiam se encontrar e conversar. Lúculo generosamente tornou suas coleções disponíveis não apenas para amigos e parentes, mas também para os literatos gregos que viviam em Roma. Citando Plutarco:

> O que Lúculo fez sobre o estabelecimento de uma biblioteca merece entusiasmada menção. Ele colecionou muitos livros bem escritos, e o uso que fez deles era mais louvável do que

sua aquisição. Ele abriu suas bibliotecas para todos, e as colunatas e salões ao redor delas eram acessíveis sem restrição aos gregos, que iam lá, como se fossem para uma sala de recepção das musas, e passariam dias inteiros juntos, alegremente distantes de suas outras obrigações.

Os gregos se reuniam ali por causa dos livros que, vindos dos estados gregos da Ásia Menor, eram escritos em sua língua. O mesmo acontecia com os livros nas coleções de Sula. Sem dúvida, passou algum tempo antes que os livros em latim fossem acrescentados, mas, comparativamente, eles não deveriam ser muitos. Os escritores de obras em latim começaram tarde, menos de dois séculos antes, e sua produção total era apenas uma fração do que estava disponível em grego.

Nessa época, Roma também tinha bibliotecas notáveis que não haviam sido adquiridas por meio de pilhagem, e sim reunidas por homens devotados à literatura e à aprendizagem. Essas coleções desde o início incluíam obras latinas, embora, inevitavelmente, a maioria fosse grega. Uma delas era a ótima biblioteca de Cícero. Ainda melhor era aquela de seu amigo de longa data, Ático, um homem de grandes riquezas e conhecimentos que falava grego como um nativo. E um contemporâneo deles, Varrão, a julgar pela quantidade e variedade de seus escritos, provavelmente tinha uma biblioteca que superava as de ambos. Varrão foi o rival romano do Coragem de Bronze de Alexandria: com incansável diligência, ele produziu um fluxo de livros e monografias sobre todos os assuntos possíveis – agricultura, língua latina, história do povo romano, religião, filosofia, geografia, tecnologia. Quase nenhuma de suas obras sobreviveu, mas tivemos uma ideia da extensão da pesquisa que exigiam por causa de uma passagem em uma das poucas obras que chegou até nós: seu livro sobre agricultura. Discutindo quem havia escrito sobre esse assunto, ele lista nada menos que cinquenta autoridades gregas que possivelmente consultou. Tal pesquisa exigiria uma biblioteca excepcionalmente boa.

Cícero nos proporciona um raro e inestimável vislumbre sobre como um romano administrava sua biblioteca – ou mais provavelmente, bibliotecas, uma vez que os proprietários, todos homens de grande riqueza, tinham casas de campo nas quais mantinham coleções, assim como na cidade. Devemos esses vislumbres à presença, entre suas obras sobreviventes, de centenas de cartas enviadas por ele a parentes, colegas, colaboradores, amigos e, acima de tudo, a Ático. Não são cartas polidas, escritas com vistas à publicação, mas informais, frequentemente casuais. Cícero pode saltar de um tópico a outro, e os tópicos podem variar desde assuntos sérios, de implicação nacional, até a saúde de uma criança. Frequentemente, há referências a livros e bibliotecas, e elas revelam um fato irrefutável: as coleções que ele e Ático possuíam eram tão grandes e complicadas que requeriam uma organização por especialistas e a manutenção por parte de uma equipe de profissionais. No mundo romano, assim como no mundo grego, o trabalho administrativo e tantas outras formas de trabalho eram feitos por escravos; Cícero e Ático usavam escravos gregos altamente treinados para suas bibliotecas pessoais. A maioria deles era particularmente eficiente em fazer cópias, uma vez que essa consistia na maior parte do trabalho. Os homens de Cícero, por exemplo, produziam as cópias de seus escritos, que ele distribuía para amigos e colegas – e Cícero era um autor prolífico que tinha muitos amigos. Eles cuidavam, é claro, das tarefas diárias – remanejavam rolos nas prateleiras, reparavam rolos danificados, mantinham o catálogo atualizado, e assim por diante.

A organização inicial de uma biblioteca tão grande e tão variada como a de Cícero estava além da competência da equipe regular, exigia os serviços de um especialista. Quando Cícero estava instalando uma biblioteca na sua vila de Antium (atualmente, Âncio) e o trabalho estava próximo de ser completado, ele instigou Ático a fazer uma visita porque

> você verá o arranjo maravilhoso que Tirânio fez para os meus livros na biblioteca [...] Você poderia me enviar um par de pessoas de sua biblioteca a quem Tirânio poderia usar para a colagem e outros trabalhos? Diga-lhes para trazerem com eles um pedaço de pergaminho para etiquetas.

Cícero tinha sido bem-sucedido em obter os serviços de Tirânio, o perito que tinha colocado a biblioteca de Sula em ordem, para configurar sua coleção; não temos nenhuma informação sobre a natureza do arranjo que introduziu, mas, sem dúvida alguma ele serviria de modelo para bibliotecas há muito estabelecidas em Alexandria e para outros centros gregos. Os vários assuntos de rotina que precisavam ser atendidos – por exemplo, colar rolos danificados ou colar pedaços compridos de papiro para formar rolos longos o bastante para copiar determinados trabalhos, acrescentar tiras de pergaminho com o nome do autor na extremidade externa do rolo (o equivalente ao que nós colocamos nas lombadas) – eram demais para o seu próprio pessoal, e ele precisou então recrutar mão de obra extra de Ático, cujos repositórios e equipe, suas correspondências deixam claro, eram maiores do que os seus.

5.1a Pintura mural de Pompeia de um menino segurando um rolo com uma etiqueta de identificação.

Uma vez que os livros estivessem nas estantes, alguém precisaria se certificar de que eles permanecessem ali. Cícero não foi poupado daquela aflição crônica dos proprietários de biblioteca: o roubo. No outono de 46 a.C., ele escreveu para Públio Sulpício, comandante das forças armadas romanas em Ilíria (mais ou menos na atual Iugoslávia):

> Meu escravo Dionísio, que lidava com minha preciosa biblioteca, roubou muitos dos meus livros e, ciente de que teria sua punição, se evadiu. Ele se encontra em sua região. Foi visto por meu amigo Marco Bolano e inúmeros outros em Narona [na costa da Iugoslávia exatamente ao sul de Split], mas disse a eles que eu o havia emancipado, e eles acreditaram nisso. Se você puder ver se consegue enviá-lo de volta para mim, não posso dizer quão gratificante isso seria.

Pouco menos de um ano depois, em julho de 45 a.C., Cícero recebeu uma carta de P. Vatínio, o novo comandante da região, que escreveu:

> Fui informado de que seu fugitivo, o leitor [ele era, na verdade, como a carta de Cícero mostrava, mais como um bibliotecário-chefe], se juntou aos vardei [um povo estabelecido nas redondezas de Narona]. Você não me deu nenhuma instrução a respeito dele; no entanto, fiz emitir uma ordem provisória para sua perseguição em terra e no mar, e, certamente, vou encontrá-lo para você.

5.1b Desenho de escrita na etiqueta da ilustração 5.1 a. onde se lê: "Homero".

Mas Vatínio estava por demais otimista. Seis meses mais tarde, em janeiro de 44 a.C., ele noticia desanimado: "Sobre o seu Dionísio, até agora eu não desenterrei nenhuma informação". Não há mais nenhuma referência a esse assunto; por tudo o que sabemos, o culpado pode ter sido bem-sucedido em fugir.

Como as pessoas faziam pesquisas numa época onde existiam apenas bibliotecas privadas? As cartas de Cícero fornecem respostas. Quando ele ou os membros de seu círculo precisavam consultar livros que não possuíam, recorriam às coleções uns dos outros. Para Cícero, isso geral significava recorrer às amplas propriedades de Ático. Em Roma, ele simplesmente ia para a casa de Ático, e fazia isso mesmo quando Ático não se encontrava lá. No entanto, precisava assegurar a sua entrada: em uma carta para Ático, que na época estava na Grécia, havia um pedido para que ele "escreva de casa para Roma e diga a seu pessoal para me dar acesso aos seus livros, tal como se você mesmo estivesse aqui". Quando ele estava em uma de suas casas de campo, lugar que preferia para a atividade literária, já que lá estava livre das pressões da cidade, tinha livros remetidos para ele; em inúmeras cartas escritas para Ático de uma ou outra de suas vilas, Cícero lista títulos para que ele os envie, ou usaria as bibliotecas nas vilas da redondeza pertencentes a pessoas que conhecia. Quando estava em sua vila próxima de Cumas, ao norte de Nápoles, por exemplo, podia tirar proveito da biblioteca de Sula; ela ficava na vila, não muito distante de onde Sula passou seus últimos anos, e Cícero mantinha boas relações com Fausto Sula, que havia herdado a vila e a biblioteca. Quando estava em sua vila de Túsculo, nas colinas ao sudeste de Roma, usava a esplêndida biblioteca de Lúculo numa suntuosa vila nas redondezas. Ele não era o único a fazer isso: conta como uma vez

> quando estava na minha casa em Túsculo e queria consultar certos livros na biblioteca do jovem Lúculo, fui à sua vila para obtê-los eu mesmo, como sempre fiz. Quando cheguei, eu vi Marco Catão, que eu não sabia que estava lá, sentado entre uma pilha de livros sobre estoicismo.

Essas linhas foram extraídas do *De Finibus;* na época em que foi escrito, em 45 a.C., Lúculo estava morto há muito tempo, e sua propriedade havia passado para o "jovem Lúculo". O *De Finibus* foi escrito em forma de diálogos, e Cícero estava tão impressionado pela biblioteca de Lúculo que a transformou no cenário de um dos diálogos.

Sabemos como a biblioteca provavelmente se parecia graças a uma descoberta ímpar feita séculos atrás em Herculano, a cidade que a erupção do Vesúvio em 79 a.C. enterrou sob muitos metros de lava vulcânica quente, que ao esfriar se solidificou em rocha. A escavação começou ali no início do século XVIII e prosseguiu abrindo túneis profundos na rocha. Na metade do século, os trabalhadores subiram e cavaram um túnel dentro das ruínas de uma vila elegante e ricamente decorada. Eles descobriram não apenas pátios colunados, salões e outras características similares habituais em moradias, mas também – uma surpresa muito bem-vinda – a biblioteca da vila. Tratava-se de uma pequena câmara, medindo aproximadamente 3 x 3 metros, em cujas paredes estavam enfileiradas prateleiras de madeira até acima do nível dos olhos, enquanto uma estante de madeira para livros, isolada, com 1,8 metro de altura e adaptada com prateleiras em ambos os lados, ocupava a maior parte do chão, deixando espaço suficiente para somente uma pessoa se mover ao redor dela. Cada prateleira estava repleta de rolos de papiro, cerca de 1.800 ao todo, um achado tão impactante que deu ao complexo seu nome moderno: Vila do Papiro. Uma entrada se abria para uma colunata adjacente. Desse modo, a biblioteca da vila replicava, em pequena escala, os elementos básicos de sua grande congênere de Alexandria ou de Pérgamo, área de armazenagem para os livros com acesso a uma colunata onde os usuários podiam consultá-los.

Os rolos estavam gravemente queimados e chamuscados, mas uma quantidade suficiente deles podia ser lida para revelar que a coleção era altamente especializada. Uns poucos textos eram em latim e todo o resto em grego; destes, a grande maioria era de obras de Filodemo, um filósofo da escola epicurista que, de cerca de 75 a.C. até cerca de 40 a.C., viveu em Roma ou em outros lugares da Itália, e era amigo de diversos romanos altamente bem situados. A vila provavelmente pertencia a algum deles, um homem de grande riqueza que tinha particular interesse na filosofia epicurista, como expôs Filodemo. Uma sugestão plausível é que ele era o sogro de César, L. Calpúrnio Pisão, um poderoso homem nobre, conhecido por ter tido intimidade com Filodemo.

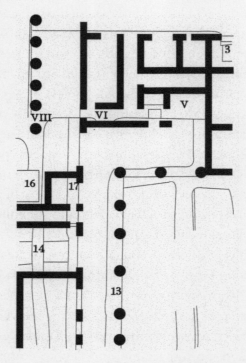

5.2 Planta da biblioteca da Vila do Papiro em Herculano. A câmara marcada com um V continha as estantes. Os leitores consultavam os rolos nas colunatas próximas.

O que Catão estava pesquisando na biblioteca de Lúculo envolvia consultar um lote de livros, então era preciso fazer esse trabalho no local. Se o trabalho envolvesse meramente um ou dois livros, ele poderia tê-los pedido emprestados; os proprietários comumente emprestavam livros para os amigos e outras pessoas adequadas. Se precisasse dos livros para um estudo prolongado, ele os teria pedido emprestados por tempo suficiente para seus escrivães fazerem cópias dos mesmos. Se precisasse de livros que não pudessem ser encontrados na coleção de nenhum amigo, ele poderia tentar adquiri-los, embora isso apresentasse dificuldades; lidaremos com essa questão logo mais. Em certa altura, Cícero brincou com a ideia de escrever uma obra sobre geografia, e as cartas concernentes a esse fato que ele enviou para Ático – que estava ansioso para cooperar – ilustram vários caminhos pelos quais alguém poderia conseguir os livros que precisasse. Em abril de 59 a.C., Cícero escreve:

> Sou muito grato pela cópia do livro de Serapião que você me enviou – da qual, somente entre nós, eu mal entendi uma palavra em cada mil. Dei instruções para que lhe seja pago o dinheiro por ela para que ela não entre na sua contabilidade sob o título de "presentes".

Aparentemente, Ático pensou que a obra de Serapião sobre geografia seria útil para Cícero em seu projeto e, uma vez que o repositório de sua biblioteca não incluía livros desse tipo, comprou uma cópia e a enviou. Essa cópia não foi um empréstimo, e sim para ser guardada, então Cícero insistiu em pagar por ela. Serapião foi um cientista grego contemporâneo que se especializou em astronomia. Seu tratamento da geografia provavelmente envolvia uma boa dose de matemática, o que explicaria por que Cícero, cuja educação foi basicamente literária, considerou que a maior parte da obra estava além de sua capacidade. Um pouco mais tarde, Cícero escreve:

> A obra geográfica que planejei é realmente um grande trabalho. Eratóstenes, que eu tinha imaginado usar como minha autoridade, recebe duras críticas de Serapião e Hiparco.

Agora Cícero tinha em mãos a obra de Eratóstenes que, sendo um estudo definitivo sobre o assunto, ele naturalmente assumiu como sua fonte primária, tudo graças ao Serapião de Ático. O Hiparco que ele menciona foi um renomado astrônomo grego do segundo século a.C., que escreveu um livro atacando Eratóstenes. Cícero, provavelmente, pegou a visão de Hiparco de uma discussão deles em Serapião. As palavras do próprio Hiparco teriam sido ainda mais difíceis para ele do que as de Serapião.

Poucos meses mais tarde, em julho de 59 a.C., Ático enviou como empréstimo um livro que ele provavelmente, tinha em sua biblioteca: uma obra geográfica em forma de verso de Alexandre de Éfeso. Cícero não gostou muito dela, mas mesmo assim providenciou uma cópia; ele deve ter se sentido aliviado ao conseguir alguma coisa sobre o assunto que pudesse entender:

> Recebi o livro [de Alexandre]... Ele é incompetente como poeta e não conhece nada; no entanto, é de alguma utilidade. Mandei copiá-lo e o enviarei de volta.

Por volta de agosto ou setembro, a cópia estava completa, então ele escreve: "Estou devolvendo o livro de Alexandre – colega descuidado e mau poeta, mas tem sua utilidade". Não ouvimos mais nada sobre o projeto, então Cícero deve tê-lo abandonado; talvez tenha se mostrado muito técnico para seu gosto.

Nessa época de bibliotecas particulares, quase todas as aquisições eram feitas, como a de Cícero com o livro de Alexandre, por meio de uma combinação de amizade e funcionários copistas. As pessoas obtinham livros que haviam sido escritos anos antes, tomando-os emprestados de amigos que os possuíam e fazendo com que sua equipe de funcionários fizesse cópias. As pessoas obtinham os livros atuais como presentes ou como cópias de apresentação do autor. Aqueles que queriam cópias, mas não conheciam o autor – e, portanto, não estavam em sua lista de receptores –, poderiam pedir uma cópia de alguém para reproduzi-la. Uma vez que o autor tivesse enviado seu presente e cópias de apresentação, seu livro entrava, por assim dizer, em domínio público – qualquer um podia fazer uma cópia.

Em uma carta para Ático, Cícero reclama sobre uma cópia do seu *De Finibus* que havia sido feita por Caerellia, uma mulher que era amiga ou parente dele e bem conhecida por Ático. Ele estava irritado porque ela havia feito a cópia a partir de um exemplar que, de alguma maneira, conseguiu da biblioteca pessoal de Ático antes de Cícero estar pronto para permitir que o livro circulasse da forma como estava. Caerellia era "obviamente inflamada pelo entusiasmo por filosofia", ele comenta com mais do que um toque de sarcasmo masculino. Se não estava "inflamada pelo entusiasmo", ela certamente era profundamente interessada em filosofia e, ao que parece, possuía uma coleção de obras sobre o assunto, à qual ela estava determinada a acrescentar a mais recente obra de Cícero. Caerellia pode ter sido excepcional como uma mulher que possuía uma biblioteca, mas não como uma mulher capaz de explorar uma. Nessa época, nas casas romanas de classe alta, não era incomum encontrar mulheres altamente educadas. A filha de Cícero, Túlia, é descrita por seu pai como *doutíssima*, "extremamente erudita". A filha de Ático tinha como tutor um professor muito eminente. A filha de Pompeu aprendeu grego quando criança, e uma de suas mulheres não apenas era "bem versada em literatura, na lira, e em geometria", como também compartilhava o gosto de Caerellia por filosofia: "Ela estava acostumada a ouvir as discussões dos filósofos". As cinquenta autoridades gregas que Varrão lista na introdução de sua obra sobre agricultura estavam lá como sugestões de leitura para sua esposa.

Também era possível comprar livros, uma vez que nessa época havia ao menos alguns vendedores em Roma. Cícero, em um de seus discursos, descreve um incidente que aconteceu nos degraus de uma *taberna libraria* – literalmente "livraria" – perto do Fórum. Ático deve ter conseguido a cópia de Serapião que comprou para Cícero de uma das livrarias de Roma, mas elas eram o último recurso. Uma cópia de um livro emprestado produzida por um funcionário da equipe de alguém podia ser verificada quanto à sua precisão, mas uma cópia feita de um vendedor de livro não podia; nesse caso o comprador tinha que apoiar a sua confiança na fé, e isso era arriscado. Quando o irmão de Cícero escreveu para ele pedindo seu conselho para adquirir livros em latim, a resposta foi: "Para livros em latim eu não sei aonde ir, as cópias são feitas e vendidas tão cheias de erros". Tirânio, como mencionado acima, teve acesso à biblioteca de Sula por se aproximar do bibliotecário-chefe; o mesmo faziam certos vendedores de livros com a intenção de produzir cópias para vender, mas suas cópias mostravam-se duvidosas porque eles "usavam escribas incompetentes e não faziam revisão". Quando as pessoas compravam livros, elas eram bem aconselhadas a levarem junto um especialista para avaliar o que era oferecido. Cícero até mesmo tentou contar com Tirânio, o especialista dos especialistas, para ajudar seu irmão.

Basicamente, uma livraria era um *scriptorium*, uma loja que fazia cópias. Os vendedores de livros provavelmente mantinham à mão uma cópia de autores tradicionais como Homero, Eurípides, Platão e outros, que podiam ser rapidamente reproduzidas para os fregueses. Eles podem até mesmo ter mantido um pequeno suprimento de cópias de cada autor para vender diretamente das prateleiras. É possível que esse serviço seja o qual Cícero se referia quando escreveu a seu irmão dizendo que "os livros que uma pessoa gostaria de ter não são do tipo que estão à venda". Alguns vendedores de livros podem ter mantido à mão uma única cópia de certas obras que tivessem uma limitada, mas constante demanda, que eles iriam reproduzir quando aparecesse um freguês. Os vendedores de livros que procuravam as obras na biblioteca de Sula provavelmente tinham isso em mente. Livreiros empreendedores possivelmente recebiam encomendas baseadas em especulação, com a esperança de serem capazes de encontrar os títulos solicitados em algum lugar para copiá-los.

O melhor lugar para comprar livros era no exterior – em Atenas ou Rodes ou Alexandria ou em qualquer dos grandes centros gregos onde os vendedores de livros há muito tempo desenvolviam seu comércio. Uma das primeiras coleções de Cícero veio da Grécia: na época, Ático estava morando em Atenas e reuniu a coleção para Cícero usando dinheiro de seu próprio bolso. Deve ter sido uma coleção apreciável, uma vez que custou mais do que os fundos que Cícero dispunha: ele precisou pedir a Ático que esperasse para ser reembolsado, garantindo que estava economizando cada centavo para esse fim – em suas palavras, *ego omnes meas vendemiolas eo reservo,* "estou economizando todas as minhas retiradas para isso".

Pouco tempo antes de seu assassinato em 44 a.C., Júlio César tomou a decisão de "construir para uso público uma biblioteca de livros gregos e uma de livros latinos, ambas tão grandes quanto possível, e a tarefa da construção e organização delas foi confiada a Marco Varrão" – uma escolha lógica, uma vez que Varrão havia escrito uma obra "Sobre Bibliotecas". Então chegaram os idos de março, e com eles o abrupto fim de todos os grandes projetos de César.

Poucos anos depois, Asínio Pólio – estadista, comandante, poeta, historiador – tornou realidade o que César havia planejado: uma biblioteca grega e uma biblioteca romana para uso público. Ela marca o início de uma nova era na história das bibliotecas romanas.

6
Bibliotecas do Império Romano
A cidade de Roma

Nos dias em que "cavalgou o mundo como um colosso", Júlio César tinha planos de elevar o *status* cultural de Roma dando-lhe uma biblioteca pública, mas seu assassinato interrompeu o projeto. Ele foi resgatado por um dos seus apoiadores, Asínio Pólio, que não apenas era um autor respeitado, mas cujo círculo de amigos incluía expoentes literários como Catulo, Horácio e Virgílio, três dos maiores poetas romanos. Na verdade, foi sua intervenção que salvou a propriedade de Virgílio de ser confiscada durante os conflitos que se seguiram após a morte de César. Em 39 a.C., Pólio comandou uma bem-sucedida expedição militar e voltou à Roma carregado de pilhagens. Isso deu a ele fundos para tornar realidade o que César tinha levado apenas até a prancheta: a primeira biblioteca pública romana.

Conhecemos a biblioteca de Pólio apenas por menções feitas em vários escritos, uma vez que a estrutura em si desapareceu. Localizava-se no centro, exatamente fora do Fórum. Tinha duas seções, uma para obras em grego e outra para obras em latim, um arranjo que César havia planejado para sua biblioteca e que apareceria em todas as bibliotecas romanas subsequentes. Era elegantemente adornada com estátuas de autores famosos, incluindo – um gesto incomum – uma de um autor vivo, o célebre sábio Varrão. Uma vez que Varrão morreu em 27 a.C., ela deve ter aberto suas portas em algum ponto durante os doze anos anteriores.

Nessa época, as guerras civis que tinham atormentado Roma haviam acabado ou estavam quase acabando. O suicídio de Marco Antônio em 30 a.C. marcou o seu fim e fez de Augusto o inconteste governante de Roma. Poucos anos depois, ele havia configurado as fundações do Império Romano e consolidado sua posição como seu primeiro imperador. Agora ele se sentia livre para voltar sua atenção para questões de menor importância, tal como a condição da cidade de Roma. Augusto não apenas se preocupou com a reparação dos edifícios públicos que haviam permanecido negligenciados ou inacabados durante os anos de turbulência, mas também se dedicou à construção de outros novos. Entre os primeiros deles, terminado em 28 a.C., estava um templo a Apolo no Monte Palatino, não longe da casa onde ele vivia. E, vizinha ao templo, ele construiu a segunda biblioteca de Roma; os escritos se referem a ela como "a Biblioteca do Templo de Apolo" ou a "Biblioteca Palatina", e revelam que ela era dividida em seções grega e latina, como a de Pólio. Alguns anos mais tarde, ele deu a Roma uma terceira biblioteca pública mais convenientemente localizada na parte sul do Campo de Marte, a uma curta caminhada a oeste do Fórum. Ela se situava no pátio de uma espaçosa e quase quadrada colunata que Augusto construiu ali e

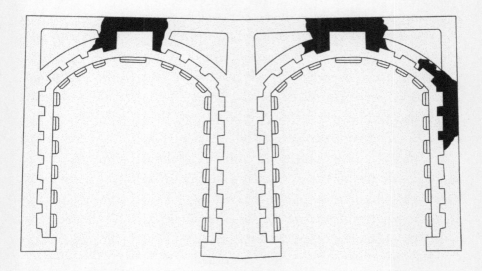

6.1 Planta das bibliotecas gêmeas conectadas ao Templo de Apolo no Monte Palatino, em Roma.

que tinha o nome de *Porticus Octaviae*, "Pórtico de Otávia", em honra de sua irmã Otávia, tendo sido dedicada à memória do filho dela, que morreu em 23 a.C. Essa biblioteca, como aprendemos a partir de referências, também era dividida numa seção grega e numa seção latina. Ela desapareceu sem deixar vestígios.

Da biblioteca do Monte Palatino, por outro lado, existem resquícios – os mais antigos que temos de uma biblioteca pública romana. Apesar de escassos, eles são cruciais, pois revelam que desde o início os arquitetos das bibliotecas públicas romanas não seguiam seus antecessores gregos, mas sim trilhavam seu próprio caminho. As coleções de livros romanos eram necessariamente bilíngues e, uma vez que a prática era arrumar as línguas separadamente nas estantes, os arquitetos tinham que fornecer instalações em duplicata. No caso da Biblioteca Palatina, os restos mostram que havia duas câmaras idênticas colocadas lado a lado. No centro da parede de fundo de cada uma havia um grande recuo; ele provavelmente servia para uma estátua, talvez de Apolo, de cujo templo a biblioteca era contígua. Em cada lado do recuo e ao longo das paredes laterais existiam nichos medindo 3,8 metros de altura por 1,6 metro de largura e 60 centímetros de profundidade. As indicações são de que havia dezoito nichos ao todo. Sob eles, estendia-se uma espécie de pódio com degraus que levavam até os nichos. Os nichos eram para os livros: instaladas dentro deles, como sabemos por ilustrações e observações em escritos antigos, havia estantes de madeira – *armaria*, como os romanos as chamavam – com prateleiras alinhadas e fechadas por portas. As estantes teriam sido numeradas e o número apropriado entrava no catálogo junto de cada título para indicar a localização. Os rolos da coleção da biblioteca permaneceriam colocados horizontalmente nas prateleiras com as extremidades que trazem as etiquetas de identificação voltadas para fora. Dessa forma, quando os usuários subissem os degraus e abrissem as portas, as etiquetas estariam imediatamente visíveis para eles. Uma vez que os nichos eram tão altos que suas prateleiras superiores estariam bem além do alcance de um homem, deve ter havido conjuntos portáteis de degraus disponíveis na plataforma, como aqueles que usamos nas bibliotecas atuais para pegar os livros nas prateleiras mais altas. A colocação do acervo em nichos na parede deixava o meio da câmara livre para os leitores; supostamente, ali haveria mesas e cadeiras. Com tal arranjo – livros ao longo das paredes e acomodações para leitores no centro –, as bibliotecas romanas eram semelhantes às modernas salas de leitura e de modo algum parecidas com as bibliotecas gregas – as quais, como vimos, consistiam em salas pequenas onde os livros eram armazenados, que se abriam para uma colunata onde os leitores os consultavam. De certa forma, os usuários da Biblioteca Palatina tinham o melhor dos dois mundos: como a colunata que rodeava o templo de Apolo era próxima, eles podiam, se desejassem, levar os livros para fora de lá, exatamente como numa biblioteca grega.

Essa estrutura para uma biblioteca foi uma inovação romana. Teria sido ela parte do projeto de César? Foi ideia de Pólio? Ou o crédito vai para Augusto, com sua Biblioteca Palatina, sendo não apenas a primeira evidência disso, mas também o primeiro exemplo? Não temos como saber.

6.2 Médico lendo um rolo. Ao lado há uma estante provida de portas; na primeira prateleira está uma pilha de rolos; na segunda, o que talvez seja uma taça usada para sangria. No topo da estante está seu estojo de instrumentos.

Até a morte de Augusto, em 14 d.C., Roma tinha apenas essas três bibliotecas públicas: a de Pólio, perto do Fórum; aquela no Pórtico de Otávia; e a de Augusto, no Monte Palatino, convenientemente localizada para ele e os membros de seu círculo. O imperador seguinte, Tibério, em algum momento durante seu reinado (14-37 d.C.) acrescentou mais uma, talvez duas, no Monte Palatino, e Vespasiano acrescentou ainda mais uma como parte do Templo da Paz que ele erigiu perto do Fórum depois do término da Guerra Judaica, em 70 d.C. Nenhum resquício pode ser atribuído com certeza à biblioteca de Tibério. Alguns foram atribuídos à de Vespasiano, mas isso também não é certeza, e, de qualquer forma, eles são muito fragmentados para fornecer mais informações. A biblioteca de Tibério deve ter tido um tamanho considerável, uma vez que há informações de que era decorada com uma estátua de Apolo de quase cinquenta pés de altura. A estátua devia ficar mantida em um recuo na parede do fundo, como na Biblioteca Palatina, e uma câmara ostentando um recuo para tal colosso poderia ter sido alta o bastante para acomodar duas fileiras sobrepostas de nichos para estantes – uma característica que é confirmada em inúmeras bibliotecas posteriores.

Finalmente, chegamos a uma biblioteca que oferece mais do que alguns restos espalhados: a biblioteca incluída pelo imperador Trajano como parte do monumental fórum que ele inaugurou em 112/113 d.C. Uma parte suficiente dela sobreviveu para possibilitar uma reconstrução quase completa de seu interior.

O Fórum de Trajano se estende mais ou menos ao longo do Monte Capitolino; entre ele e o monte passa o moderno bulevar chamado Via dei Fiori Imperiali. Uma famosa atração turística romana, a Coluna de Trajano pertence a esse complexo, e a uma curta distância da coluna estão os restos da biblioteca. Eles, no entanto, são invisíveis para os visitantes atuais porque foram cobertos pela pavimentação do bulevar. Havia, como de costume, um par de câmaras, uma para obras gregas e outra para obras latinas. Na Biblioteca Palatina, as duas ficavam lado a lado; aqui, elas ficam de frente uma para a outra, estando em lados opostos de um pórtico quadrado em cujo centro se encontra a Coluna de Trajano. Os leitores que precisavam consultar livros

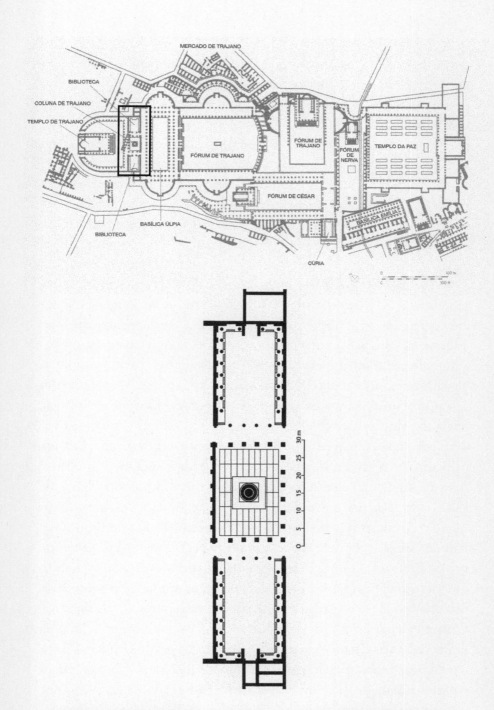

6.3 Planta das bibliotecas gêmeas do Fórum de Trajano, Roma. Elas ficam de frente uma para a outra, com a Coluna de Trajano, rodeada pelo pórtico, entre elas.

em ambas as línguas tinham que andar cerca de quarenta metros da entrada de uma delas e atravessar o pórtico com suas colunas para entrar na outra. A câmara voltada para o Monte Capitolino – ou seja, a sudoeste da coluna – está bem preservada: seus restos, embora permaneçam abaixo da Via dei Fiori Imperiali, são acessíveis, uma vez que estão em um bolsão subterrâneo coberto por vigas que sustentam a pavimentação do bulevar. Elas incluem o piso, porções inferiores das paredes e uma multiplicidade de fragmentos de mármore e pedra que provêm de elementos decorativos. Os restos da outra câmara são poucos, mas suficientes para revelar que era uma câmara gêmea.

A câmara que podemos reconstruir, a do sudoeste, era espaçosa, medindo 27,1 metros nas laterais e 20,1 metros ao longo da frente até a parte de trás. Também era arejada, uma vez que subia até dois andares de altura e estava coberta por um teto abobadado, provavelmente de abóbadas cruzadas. A parede que formava o fundo da câmara tinha uma reentrância no seu centro, grande o bastante para acomodar uma estátua enorme. Em ambos os lados da reentrância havia um nível superior e um nível inferior de nichos para estantes, duas por nível. As paredes que formavam as laterais da câmara tinham, cada uma, um nível superior e um inferior de 7 nichos. Sob o nível mais baixo estendia-se uma plataforma, interrompida na frente de cada nicho por um lance de três degraus, para dar acesso aos livros que ele continha. Os nichos do nível superior foram perdidos, mas há indicações seguras de sua existência, especialmente uma fileira de um conjunto de colunas fixadas na plataforma e espaçadas, de modo que cada uma ficava oposta ao intervalo entre um nicho e o próximo; elas estavam lá para sustentar a galeria que servia a este nível superior. Uma escadaria no fundo do prédio dava acesso à galeria. O lado da frente da câmara, aquele oposto à Coluna de Trajano e à câmara gêmea atrás dele, era aberto: não havia nenhuma parede aqui, apenas quatro colunas encimadas por um entablamento. Esse lado servia como entrada; a falta de uma parede significa que podia não haver nenhuma porta, de modo que entre as colunas estavam fixadas telas de bronze que eram fechadas quando a biblioteca não estava em uso. Do lado que mirava o nordeste, a entrada capturava luz da manhã. Nos outros três lados, janelas nos semicírculos formados pelas abóbadas do telhado garantiam a luz no resto do dia.

A decoração da câmara era suntuosa: Trajano tinha permitido a seus construtores o pródigo uso de mármore e pedra, em grande parte importados.

O chão era pavimentado com grandes retângulos de granito cinza do Egito, separado por tiras de mármore amarelo do norte da África. O material de construção das paredes, concreto com aparência de tijolos, era, em todos os lugares, coberto com um verniz de pavonazzetto, um mármore de cores matizadas oriundo da Ásia Menor. Cada nicho era emoldurado em mármore branco e encimado por uma cornija de mármore branco. As colunas que sustentavam a galeria eram de pavonazzetto, com bases e capitéis de mármore branco. Elas ficavam opostas às pilastras de pavonazzetto que decoravam o espaço da parede entre os nichos. A estátua na reentrância era de mármore branco, provavelmente uma imagem do homem responsável por tudo, os livros e a construção: o imperador Trajano.

Os nichos nas paredes laterais mediam de 1,61 metro de largura, enquanto aqueles que ladeavam a reentrância no fundo eram um tanto mais estreitos, com 1,35 metro de largura. Uma vez que apenas as partes mais baixas foram preservadas, podemos estimar a altura: um bom palpite é que ela media o dobro da largura, ou seja, 3,23 metros. A profundidade era de 62 centímetros. A moldura de mármore que cercava os nichos se projetava além de suas bordas em todos os quatro lados; isso garantia que houvesse espaço entre os lados dos nichos e que as estantes de madeira fossem inseridas dentro deles. Também se deixava um espaço atrás, porque os nichos mediam 62 centímetros de profundidade e as estantes, feitas para acomodarem rolos cuja altura máxima raramente ultrapassava 40 centímetros, eram consideravelmente menos profundas. Como resultado, as estantes não faziam contato com as paredes em nenhum lugar, isolando os rolos da umidade a qual estavam suscetíveis lá dentro. Com um conjunto superior e inferior de sete estantes em cada lado da parede e quatro na parede do fundo, havia um total de trinta e seis estantes. Sua capacidade – um número estimado – era de cerca de dez mil rolos. Se dobrarmos o número para incluir o que estava na câmara irmã, a coleção da biblioteca de Trajano continha perto de vinte mil rolos.

O detalhe fornecido pela biblioteca de Trajano revela dramaticamente a vasta diferença entre as bibliotecas gregas e romanas. As bibliotecas gregas eram, essencialmente, pilhas de livros. Nenhuma instalação era fornecida aos leitores; eles precisavam trabalhar em uma colunata contínua que era parte do complexo onde a biblioteca estava inserida, não da biblioteca em si. As bibliotecas romanas eram exatamente o contrário: projetadas fundamentalmente para os leitores, forneciam espaços e, ambientes bonitos onde eles podiam trabalhar. Os próprios livros ficavam nas proximidades, ainda que fora do caminho, em prateleiras dentro das paredes. Tais salas, com seus nichos dispostos com bom gosto e, muito provavelmente, embelezados por estantes com portas de madeiras preciosas e artisticamente esculpidas, eram algo muito agradável aos olhos, mas, imprudentemente, representavam um desperdício de espaço, fator que certamente criava problemas quando as coleções cresciam.

As bibliotecas públicas imperiais descritas eram, até então, como a de Augusto no Monte Palatino, anexadas a um templo ou, como aquela no Fórum de Trajano, situadas dentro de um grande complexo. No entanto, não eram uma parte integral deles; eram independentes, sua única função era servir àqueles que vinham consultar os livros que continham. Não há dúvida de que a maioria dos seus usuários eram pessoas com um interesse profissional ou com um profundo sentimento pela literatura e erudição – escritores, advogados, filósofos, professores, eruditos e assim por diante. Certamente esses usuários representavam apenas uma diminuta fração da população de Roma, mas, ainda assim, seu verdadeiro número pode ter sido considerável: a reputação da renomada cidade como um dos maiores centros culturais e como o centro, por excelência, para os estudos latinos, deve ter atraído pessoas de toda parte.

A biblioteca de Trajano foi a última dessas bibliotecas a ascender, mas isso não significa que a construção de bibliotecas públicas em Roma tivesse chegado ao fim. O processo continuou, mas em um lugar especial onde as bibliotecas claramente serviam a um público mais amplo e diferente: elas foram incorporadas aos banhos públicos imperiais.

Logo no início do século II a.C. os banhos públicos já existiam em Roma, e tornaram-se tão populares que, por volta dos meados do século seguinte, havia quase duzentos deles. Mas somente pessoas com dinheiro podiam usá-los: eram propriedades particulares e cobravam uma taxa. Essa limitação foi removida quando os cidadãos de Roma, além do "pão e circo" que apreciavam há muito tempo, receberam de Agripa, ministro de Augusto, um conjunto de banhos gratuitos. Os imperadores que se seguiram deram um passo adiante: construíram banhos que não apenas eram gratuitos, mas também magnificamente equipados e suntuosamente decorados. E mais ofereciam uma gama completa de serviços de estabelecimentos de banhos – salas aquecidas, salas quentes, saunas, imersões frias, câmaras de massagem e assim por diante. Esses complexos serviam como centros recreativos e culturais: em torno do núcleo central que abrigava as instalações de banho, havia jardins com trilhas para caminhada, quadras de exercício ou para jogos, salas para reuniões ou recitais e palestras – e bibliotecas.

O primeiro dos grandes banhos imperiais foi construído por Nero. Como um satírico humorista romano brincou: "O que é pior que Nero? O que é melhor que seus banhos?". Deles, apenas ruínas insignificantes são visíveis hoje. As primeiras das que sobreviveram o bastante para nos dar uma ideia de seu tamanho e esplendor foram as dos Banhos de Trajano, completados em 109 d.C. Os restos estão longe de serem completos, mas por sorte incluem partes da biblioteca.

Havia as duas câmaras habituais, cada uma acomodada em um nicho raso na parede que cercava o imenso complexo, um na parede ao longo do lado oeste e o outro distante, oposto a ele, ao longo da parede do leste. Os leitores que queriam consultar livros tanto em grego quanto em latim tinham que caminhar mais de um quinto de milha – cerca de trezentos metros. A abside[2] na parede oeste está bem preservada, o

---

[2] Abside é um recinto semicircular ou poligonal, de teto abobadado, geralmente situado nos fundos ou na extremidade de uma construção. Nos grandes edifícios romanos antigos, esse recinto também podia ser construído em um plano mais elevado.

bastante para mostrar que as características básicas eram como aquelas na biblioteca do Fórum de Trajano: no centro da parede curva que formava a área do fundo havia um grande nicho para uma estátua; em cada lado havia nichos para estantes – duas fileiras, uma acima da outra, de cinco nichos cada, vinte ao todo, medindo 4,45 metros de altura, 2,6 metros de largura e 73 centímetros de profundidade. São consideravelmente maiores do que aqueles na Biblioteca Palatina ou na biblioteca do Fórum de Trajano.

6.4 Ruínas da biblioteca dos Banhos de Trajano, Roma.

Ainda mais bem preservada está a biblioteca de uma das mais famosas atrações de Roma: os Banhos de Caracala, iniciados em 212 d.C. e só finalizados após uma década ou mais. Como nos Banhos de Trajano, há duas câmaras colocadas na parede de cerco, nesse caso separadas cerca de 260 metros nos cantos sudoeste e sudeste do complexo. As áreas da biblioteca nos Banhos de Trajano são absidais; aqui, elas eram retângulos medindo 36,3 metros por 21,9 metros. Os lados mais longos formavam a frente e a parte de trás da câmara. A frente se abria para uma colunata que corria paralela diante dela – literalmente aberta na colunata porque esse lado não tinha parede, apenas uma fileira de dez colunas. Os usuários deixavam a colunata e passavam através das colunas para entrar na câmara. Muito provavelmente havia telas de bronze entre as colunas, como na biblioteca do Fórum de Trajano, para fechar a biblioteca quando não estivesse em funcionamento. No centro da parede do fundo estava situada a usual reentrância, a qual, a julgar por sua largura e altura, deve ter acomodado uma estátua de tamanho colossal. No espaço em cada um dos lados da reentrância e ao longo das paredes menores ficavam os nichos para as estantes, duas fileiras deles sobrepostas, três por fileira em cada lado da reentrância e cinco por fileira em cada parede lateral, resultando em um total de trinta e dois nichos. Sob a fileira mais baixa estendia-se a plataforma interrompida por degraus na frente de cada nicho, e sobre ele apoiavam-se as colunas que sustentavam uma galeria que servia ao nível superior.

6.5 Restos da biblioteca dos Banhos de Caracala, Roma.

Um conjunto ainda maior que os enormes Banhos de Caracala foi construído em 305 d.C. por Diocleciano. Provavelmente havia uma biblioteca, mas não podemos ter certeza hoje – e talvez nunca –, porque ela faria parte das porções não escavadas do complexo, e estas situam-se sob prédios e ruas modernos.

Os banhos públicos eram frequentados por todos os romanos, homens e mulheres, jovens e velhos, ricos e pobres. Eles iam lá não apenas por causa das instalações de banhos, mas também para passar o tempo em atividades de lazer, andar nos jardins, jogar bola – ou assistir a outros jogando bola –, ouvir discursos, conversar com os amigos ou pesquisar na biblioteca. O conteúdo das bibliotecas dos banhos deve ter refletido essa situação de que os leitores consistiam principalmente em pessoas do povo que recorriam aos livros de lá como um passatempo, como uma alternativa para jogar bola ou entabular uma conversa casual e, em segundo lugar, em profissionais e literatos que achavam conveniente combinar um banho com algum estudo. Presumivelmente, as coleções enfatizavam clássicos muito conhecidos e tinham numerosas cópias de Homero, Eurípides e Menandro na seção grega, de Ênio, Plauto e Virgílio na seção em latim de filósofos em ambas.

Os imperadores se importavam profundamente com as bibliotecas públicas romanas: de Augusto a Trajano, eles aumentaram seu número de maneira consistente. De Trajano em diante, talvez mesmo antes, eles acrescentaram bibliotecas aos banhos públicos e continuaram a fazer isso pelo menos até o começo do século III d.C. Os imperadores cuidavam para que as bibliotecas construídas permanecessem em uso. Quando a Biblioteca Palatina foi destruída no grande incêndio de 64 d.C. (aquele que Nero pretensamente manipulou), ela foi restaurada no reinado de Domiciano (81-96 d.C.). Quando a biblioteca no Pórtico de Otávia pegou fogo em 80 d.C., Domiciano a reconstruiu e enfrentou o problema de substituir parte das propriedades perdidas com cópias oriundas de Alexandria. Em 191 d.C., o fogo destruiu o Templo de Paz da Vespasiano e, provavelmente, junto com ele, a biblioteca, mas uma restauração completa deve ter sido feita, pois o templo era uma das atrações da cidade em 35 d.C. Um catálogo dos prédios dignos de nota em Roma, datado de cerca de 350 d.C., indica que havia naquela época 29 bibliotecas na cidade, quantidade que, inquestionavelmente, inclui algumas, se não todas, as bibliotecas imperiais.

A biblioteca de Trajano ainda estava funcionando em 456 d.C., porque um orador que dirigiu um panegírico ao imperador naquele ano foi capaz de se vangloriar por ter, como recompensa, sua própria estátua colocada entre as dos autores que decoravam o espaço.

Mas chega dos tijolos e da argamassa das bibliotecas de Roma. Vamos passar para as pessoas que cuidavam delas.

Pólio e Augusto começaram suas bibliotecas a partir do zero: eles tinham que determinar a natureza da coleção, adquirir os livros, decidir como organizá-los, catalogá-los e assim por diante. Pólio, um homem das letras que, sem dúvida, possuía uma grande biblioteca pessoal, pode ter ele mesmo tomado conta de tudo isso, e pode até mesmo ter doado seus próprios livros para seu novo empreendimento – ou, ao menos, ter mandado copiá-los. Augusto, mergulhado em guerras e na política desde a morte de César em 44 a.C. até pouco antes de abrir sua primeira biblioteca, não tinha nenhuma dessas vantagens, e por isso precisou buscar ajuda profissional. Confiou a Gnaeus Pompeu Mácer a tarefa de construir a Biblioteca Palatina. O pai de Mácer era um famoso estadista grego que também era um historiador; tornando-se um amigo próximo de Pompeu o Grande, escreveu uma história de suas campanhas, e um Pompeu agradecido o premiou com a cidadania romana. O filho manteve uma alta posição nos círculos governamentais, e podemos apenas concluir que, como seu pai, ele possuía credenciais intelectuais e literárias suficientes para ter recebido de Pompeu a atribuição. A Biblioteca do Pórtico de Otávia foi entregue por Augusto a Caio Mecenas Melisso. Socialmente, Melisso era o oposto de Mácer: começou a vida como um escravo, de algum modo recebeu educação, caiu nas mãos de Mecenas – o patrono de Virgílio e Horácio e conselheiro de Augusto em questões de cultura –, foi alforriado por Mecenas e apresentado por ele a Augusto. Melisso foi um respeitado erudito e autor de obras que iam desde peças inovadoras até uma coleção abrangente de piadas; era uma escolha natural para administrar a construção da biblioteca.

Uma vez que esses homens haviam selecionado os títulos que queriam e assegurado sua aquisição, catalogação e arranjo, seu trabalho estava feito. O que aconteceu depois, sabemos no caso da Biblioteca

Palatina: Augusto nomeou um chefe permanente, Caio Júlio Higino, um liberto com alto grau de qualificação assim como Melisso. Higino havia estudado sob a tutela de um renomado professor, tornando-se ele próprio um famoso professor que escreveu numerosos estudos eruditos. Aparentemente, Augusto nomeou um liberto culto similar para chefiar a Biblioteca do Pórtico de Otávia.

Nossas informações sobre Mácer, Melisso e Higino vêm de autores antigos, em particular Suetônio, que viveu no início do segundo século e escreveu biografias de ilustres homens de letras, bem como de imperadores romanos, pelas quais é famoso. Nossas informações sobre as figuras seguintes ligadas às bibliotecas de Roma vêm quase todas de inscrições em pedra que sobreviveram, especificamente epitáfios e decretos honorários. Os epitáfios romanos normalmente narravam o que o falecido tinha feito em vida – fosse no caso das suas ocupações humildes, fosse no caso de seus altos postos no governo. Os decretos honorários, que por sua natureza envolviam apenas a pessoa que alcançou postos elevados, registravam os vários estágios na carreira da pessoa honrada.

Por meio de epitáfios, sabemos de Calígula e Cláudio, dois oficiais de bibliotecas que serviram durante os reinados de Tibério, ou seja, durante os anos entre 14 e 54 d.C. Uma extensa lápide de mármore branco, feita na forma de um altar e decorada com esculturas, apresenta um memorando de Tibério Júlio Papo, "que era íntimo de Tibério e igualmente encarregado de todas as bibliotecas dos imperadores desde Tibério César até Cláudio César". Outra lápide, essa reservada e simples, apresenta um memorando de "Tibério Cláudio Cirto, liberto de Augusto, Diretor das Bibliotecas". O termo "liberto de Augusto" é uma designação de alguém que, de origem escrava, passou para a posse do imperador e foi alforriado por ele. As duas inscrições revelam que Tibério havia criado um novo posto – o de administrador de todas as bibliotecas de Roma – e Cirto e a pedra tumular fornecem o título oficial: "Diretor das Bibliotecas" (*procurator bibliothecarum*). Se assumirmos, como é quase provável, que a biblioteca de Pólio passou a ter supervisão imperial, Tibério tinha quatro, talvez cinco, bibliotecas públicas em suas mãos, e ele aparentemente pensou que essa grande quantidade requeria uma administração centralizada. As inscrições revelam ainda que, se não ambos, certamente um dos nomeados era, como Higino: um liberto, mas um liberto de um tipo muito diferente de Higino. Cirto não era um erudito nem um escritor, era um burocrata que conseguiu o posto no curso de uma carreira no serviço imperial.

Mencionamos antes que os romanos deixavam a maior parte dos trabalhos administrativos para escravos e libertos. Foi o caso tanto para os empregados do estado quanto para os empregados privados. Uma das medidas de Augusto para melhorar a eficiência do seu governo foi criar uma burocracia organizada, para a qual designou uma equipe de escravos que pertenciam à família imperial. O mais capaz entre eles, à medida que avançavam em idade e em posição, obtinha a alforria e continuava a exercer as suas funções como liberto. Esses escravos e libertos do imperador, os chamados "família de César" (*familia Caesaris*), executavam uma gama de atividades que iam desde ser o escriturário humilde do menor departamento até a chefia do mais alto; era, com efeito, um serviço civil. Passavam a vida inteira nisso, em uma escalada ambiciosa pela promoção. O cargo de procurador estava perto do topo; na verdade, a procuradoria de um departamento importante podia ser o topo absoluto. Cirto era um membro bem-sucedido dessa burocracia, um homem que tinha conquistado uma procuradoria com alguma importância. Ele certamente não tinha as qualificações literárias ou eruditas de um Higino, mas isso não seria uma desvantagem porque o trabalho era essencialmente financeiro e administrativo – revisão do orçamento, aquisição de suprimentos, garantia de que as bibliotecas estavam operando sem problemas e assim por diante. Papo e Cirto morreram no cargo, provavelmente depois de o manterem durante anos. De fato, a incumbência de Papo abarcou os reinados de três imperadores, isso pode ter sido um benefício tanto para ele como para os funcionários da biblioteca sob seu comando: ele teve tempo para se familiarizar completamente com o trabalho e eles foram poupados da ruptura que a rotatividade frequente na liderança poderia ter causado.

O próximo Diretor de Bibliotecas de que temos conhecimento é Dionísio de Alexandria, que reflete uma mudança que os imperadores de Vespasiano (69-79 d.C.) em diante introduziram nas equipes dos postos de governo: para os níveis mais elevados, eles se voltaram para os homens nascidos livres de classe econômica e social superior. Dionísio não era um ex-escravo: era um grego ilustre, cidadão de Alexandria, e um erudito cuja estatura lhe valeu a nomeação como chefe do Museu de Alexandria. Provavelmente, entrou no serviço do governo na época de Vespasiano ou Tito (79-81 d.C.). Seu primeiro posto foi a diretoria das bibliotecas, e depois tornou-se Secretário dos Negócios da Grécia. A experiência de Dionísio certamente o tornou uma escolha adequada para chefiar um grupo de bibliotecas. Mas, uma vez que ele assumiu cargo como parte de uma carreira, deve tê-lo mantido por um tempo limitado, abandonando-o quando se mudou para o próximo cargo mais alto, o secretariado. Em suas próprias palavras, o Diretor de Bibliotecas já não servia por um período prolongado, como acontecia quando a posição poderia vir a ser a culminação da vida burocrática de um liberto imperial.

Os nomes e carreiras de quase uma dúzia de Diretores de Biblioteca na época de Adriano (117-138 d.C.) e Antonino Pio (138-161 d.C.) são conhecidos e mostram a expansão do que estava apenas começando na época da nomeação de Dionísio: eles eram todos homens de classe alta, nascidos livres, que passaram suas vidas em serviços do governo, ascendendo firmemente nas fileiras administrativas. A Diretoria de Bibliotecas, embora pagasse um bom salário, era apenas um degrau da escada – e um degrau relativamente baixo. Aqui, por exemplo, está o *curriculum vitae* de Valério Eudemão, que devia a maior parte do seu progresso a Adriano:

> Comissário de Finanças em Alexandria; Diretor das Bibliotecas, tanto grega quanto latina; Secretário de Correspondência em grego; Procurador de Lícia [seguida pela procuradoria de outras seis regiões da Ásia Menor]; Comissário de Heranças; Procurador da Província da Ásia; Procurador da Província da Síria; *Praefect* do Egito.

Eudemão entrou no serviço do governo em um nível avançado, pulando inúmeros postos do exército que naquela época era de costume

- 112 -

ocupar em primeiro lugar. Uma vez lá, atingiu o topo, pois *Praefect* [Governador] do Egito era o mais alto cargo que um homem de sua posição social – ou seja, não sendo membro da aristocracia – podia normalmente aspirar. Eudemão deve ter trazido para o seu mandato como Diretor de Bibliotecas uma perícia financeira e administrativa, mas tendo em vista sua carreira movimentada, as bibliotecas não poderiam ter gozado dos benefícios dessa experiência durante um longo período de tempo. Apesar de não haver indicação de realizações acadêmicas ou literárias em seus registros, ele pode muito bem ter tido algumas, uma vez que a maioria dos outros nomeados para o cargo que conhecemos as teve. Um era filósofo, o outro era jurista, um outro ainda era Suetônio – que pode muito bem ter reunido, durante o seu mandato no cargo, as informações que nos forneceu sobre Mércer, Melisso e Higino, juntamente com outras matérias ligadas às bibliotecas de Roma.

Dessa forma, desde a época de Vespasiano até pelo menos metade do segundo século d.C., e muito possivelmente mais tarde, a administração das bibliotecas romanas estava nas mãos de homens cuja posição era um trampolim para cargos superiores, os quais eles ganhavam demonstrando habilidade como funcionários do governo, além de destreza em cair nas graças de um imperador. Ao contrário de seus predecessores, para eles essa função estava muito mais perto do pé da escada do que do topo. Por outro lado, como mostra o exemplo de Dionísio, Suetônio e outros, eles trouxeram para o cargo a familiaridade com o mundo do conhecimento e da literatura; eles próprios eram usuários de bibliotecas. Os funcionários das bibliotecas podem ter perdido os benefícios de um relacionamento de longo prazo com o chefe – coisa que eles desfrutaram nos dias dos funcionários libertos – mas ganharam em ter acima deles homens equipados para lidar com as coleções, bem como com o orçamento.

Os próprios funcionários consistiam em escravos e uma pequena quantidade de libertos. Nas bibliotecas criadas pelos imperadores eles vieram da *familia Caesaris* e, sem dúvida, também da família de Pólio, uma vez que eles passaram pela supervisão imperial. Na chefia de cada equipe estava um *bibliothecarius*, ou "bibliotecário". Esse título surgiu de uma passagem jocosa em uma carta enviada em 144/145 por Marco Aurélio, o futuro imperador (161-180 d.C.), ao seu professor Fronto. Aurélio escreve que acabara de ler dois livros interessantes e que tem certeza de que Fronto vai querer lê-los, mas Fronto não deve ir atrás dos exemplares na Biblioteca do Templo de Apolo; já que Aurélio está com eles, Fronto deve tentar bajular o *bibliothecarius Tiberianus* "o bibliotecário da Tibério (biblioteca)".

O *bibliothecarius* tinha abaixo de si um grupo de empregados que, como sabemos pelos epitáfios sobre eles ou pelas lápides de suas famílias, eram, na sua maioria, classificados como uma *bibliotheca* "da equipe da biblioteca" mais a indicação de a qual biblioteca e a qual seção, latina ou grega, eles pertenciam. Por exemplo:

> Antíoco [escravo de] Tibério Cláudio César, da equipe da biblioteca latina do [templo] de Apolo.
> Larix, da equipe da biblioteca grega do Pórtico de Otávia.
> Umas poucas lápides são levemente mais específicas:
> Montano Juliano, *vilicus* da biblioteca latina do [Pórtico de] Otávia.
> Onésimo, [escravo de] César, *vilicus* da biblioteca grega dos banhos.

O termo *vilicus* significa "administrador"; talvez ele tomasse conta da manutenção do prédio, enquanto aqueles referidos como "da equipe da biblioteca" lidassem com os livros – os pajens que pegavam os rolos das estantes e os levavam de volta para elas, os restauradores que reparavam rolos rasgados e, acima de todos, os escribas. Os escribas devem ter constituído a maior parte da equipe, uma vez que havia toda uma gama de funções que consomem tempo e que eles tinham de realizar: fazer cópias para acrescentar à coleção, recopiar rolos danificados, manter o catálogo e outras coisas. Quer fossem pajens ou conservadores ou escribas – a capacidade de ler e escrever era essencial, e isso explica por que os homens eram designados para a seção grega ou latina: isso dependia de sua habilidade em uma língua.

Uma lápide é incomum. Ela foi providenciada por:

Tibério Cláudio Himeneu, liberto de Augusto, médico para os bibliotecários (*medicus bibliothecis*).

O *status* social de Himeneu era mais alto que o dos outros: ele era um liberto, não um escravo. Além do mais, ele não estava ligado a nenhuma biblioteca, mas a todo o complexo. Havia bastante gente nas equipes das bibliotecas, ao que parece, para justificar que tivessem seu próprio médico, e o imperador estava bastante preocupado em fornecer-lhes um.

Resumidamente, as bibliotecas de Roma estavam subordinadas a um Diretor de Bibliotecas (*procurator bibliothecarum*) que lidava com as questões financeiras e administrativas do grupo como um todo; do reinado de Tibério até Vespasiano, ele podia ser um liberto do serviço civil imperial (*Augusti libertus aut sim*); de Vespasiano em diante, ele era um liberto dos níveis mais altos da sociedade. Cada biblioteca tinha uma equipe formada por escravos do serviço civil imperial (*Cesaris servi aut sim*). A equipe era chefiada por um Bibliotecário (*bibliothecarius*). Abaixo dele estavam subordinados destinados especificamente para a seção grega ou latina de sua biblioteca e chamados "da equipe da biblioteca" (*a bibliotheca*); a maioria da equipe era, provavelmente, de escribas.

Qual era o arranjo das coleções de que essas equipes tomavam conta?

No que diz respeito aos títulos gregos, as bibliotecas de Roma devem ter sido implacavelmente seletivas. A biblioteca em Alexandria, que pretendia servir como um repositório abrangente dos escritos gregos, tinha 490 mil rolos. Sua rival em Pérgamo possuía pelo menos 200 mil. A biblioteca do Fórum de Trajano, muito provavelmente a maior de Roma, tinha espaço para apenas 10 mil na câmara grega. A Biblioteca Palatina, com metade do número de estantes, mantinha muito menos. Não há nenhuma razão para pensar que as de Tibério e Vespasiano fossem notadamente maiores. Em outras palavras, os repositórios gregos nas bibliotecas romanas eram uma fração do que estava disponível.

O latim, no entanto, era uma questão diferente. Quando Pólio abriu a primeira biblioteca pública, teve que se confrontar com cerca de sete séculos de escritos para escolher para sua seção de gregos, e tinha somente dois de latim com que lidar. Possivelmente, ele tinha espaço para tudo o que considerava valer a pena.

Temos apenas indicações aleatórias sobre quais livros a sua ou as outras bibliotecas tinham em suas prateleiras. O conhecimento, por exemplo, de que das três que existiam no tempo de Augusto, todas incluíram autores contemporâneos no seu acervo, devemos a um infortúnio que aconteceu com Ovídio. Um dos principais expoentes literários na corte de Augusto, ele se envolveu em um escândalo: em 8 d.C. foi banido de Roma, e seus livros entraram na lista negra. Isso provocou o lamento, em um poema que ele escreveu enquanto estava no exílio, de que a Biblioteca Palatina "oferece aos leitores as obras dos homens de conhecimento tanto do passado quanto do presente", mas não tem nada seu, nem na Biblioteca do Pórtico de Otávia, nem na de Pólio. Em outras palavras, a Biblioteca Palatina armazenava tanto escritos antigos quanto contemporâneos, e as outras duas armazenavam pelo menos obras contemporâneas, como a poesia de Ovídio. Mencionamos antes que Pólio colocou uma estátua de Varrão na sua biblioteca enquanto Varrão ainda vivia; é uma inferência razoável a de que a coleção incluía a produção volumosa de Varrão. Podemos deduzir de uma observação de Suetônio na biografia de Calígula que todas as bibliotecas de sua época tinham as obras de Virgílio e Tito Lívio, uma vez que, como relata Suetônio, Calígula se apropriou de uma visão tão obscura desses dois autores que "ele chegou perto de proibir seus escritos e estátuas em todas as bibliotecas".

As bibliotecas romanas, que já tinham boa parte de sua limitada capacidade tomada por uma seleção representativa de obras mais antigas — uma vez que, ano após ano, adquiriam escritos latinos contemporâneos — mais cedo ou mais tarde ficariam sem espaço. As bibliotecas modernas, quando confrontadas com esse problema, encontram espaço em algum lugar para colocar novas prateleiras. Para as bibliotecas romanas, com suas belas estantes colocadas em nichos cuidadosamente arranjados ao longo das paredes de uma única câmara, essa solução era improvável.

Uma maneira de enfrentar o problema era construindo mais bibliotecas, e essa pode muito bem ter sido a razão pela qual o número cresceu de forma constante até o reinado de Trajano, ou até mais tarde se incluirmos as bibliotecas dos banhos.

Outra maneira adotada hoje por muitas bibliotecas é a criação de áreas de armazenamento separadas para os livros que são usados menos frequentemente. Há uma anedota na biografia de César por Suetônio que talvez indique que as bibliotecas romanas podem ter tomado esse caminho. Discutindo os escritos de César, Suetônio observa que Augusto "enviou uma curta e direta carta para Pompeu Mácer, que havia sido encarregado de organizar a biblioteca [Palatina] proibindo-o de deixar circular" certas peças que Júlio César havia escrito quando jovem. A linguagem de Suetônio implica que Augusto, que sem dúvida estava embaraçado pelas efusões juvenis de seu venerando parente, queria simplesmente que elas ficassem fora da vista, não que fossem destruídas. Mas elas também não foram destruídas, pois Suetônio, escrevendo um século e meio mais tarde, listas seus títulos e, portanto, deve ter tido acesso a eles. Parece que eles foram colocados em um armazém – e assim outros escritos que, como eles, eram de qualidade duvidosa, mas tinham alguma razão para serem salvos.

Há ainda outra possibilidade: quando ficou claro, no correr do tempo, que o espaço iria se esgotar rapidamente, as bibliotecas podem ter recorrido à especialização, ou seja, podem ter determinado um campo no qual se concentraria cada uma delas. Considere suas localizações geográficas: elas não estavam espalhadas, como estariam se o seu objetivo fosse possuir coleções bem estruturadas e disponíveis para leitores em diferentes localidades. As duas no Monte Palatino sem dúvida eram para o uso do imperador e de seu círculo. As outras quatro estavam agrupadas ao redor do Fórum; com exceção de livros de referência ou obras conhecidas, não havia razão para todas elas armazenarem os mesmos títulos. Teria feito sentido cada uma delas oferecer profundidade numa dada área; assim, leitores cujos estudos envolvessem várias áreas poderiam, facilmente, caminhar de uma para a outra.

Uma pessoa perfeitamente familiarizada com as bibliotecas públicas romanas foi Aulo Gélio, que viveu no segundo século, quando elas já existiam há muito tempo e a natureza dos seus repositórios estava bem estabelecida. Gélio foi um frequentador assíduo de livrarias e bibliotecas: dedicou sua vida ao estudo da literatura e da língua, mergulhando em questões de uso, significado, formas gramaticais e temas semelhantes. Seu amplo livro, *Noites Áticas*, é repleto de informações sobre esses assuntos, e junto delas há algumas pistas do que as várias bibliotecas continham. Por exemplo, discutindo um assunto específico de significado, Gélio diz que "fiz uma detalhada pesquisa por *A Commentary on Axioms*, de Lúcio Élio, e o encontrei na Biblioteca da Paz". Outra vez, pesquisando um ponto de gramática, descobriu que "muitas das cartas de Sínio Capitão... foram reunidas em um volume, e o volume, eu acho, está no Templo da Paz". Em ambos os casos está se referindo à biblioteca de Vespasiano, construída em parte no seu Templo da Paz. Lúcio Élio era um homem culto que foi professor do maior dos sábios romanos, Varrão, enquanto Sínio Capitão, um jovem contemporâneo de Varrão, escreveu sobre gramática e formação das palavras. Gélio pode ter achado esses livros – um deles com talvez três séculos de idade e o outro com talvez dois – na biblioteca de Vespasiano, que era especializada em obras daquele tipo. Ele menciona que, na biblioteca do Fórum de Trajano, topou com éditos de antigos magistrados; possivelmente era o repositório de registros históricos dessa natureza.

A vantagem da especialização teria sido notável também para a seção grega. No entanto, mesmo que as bibliotecas realmente tentassem praticá-la, teriam que lutar contra o capricho imperial. Suetônio relata, por exemplo, que Tibério era tão enamorado das obras de Euforion, Partênio e Riano que "guardou num relicário os escritos e estátuas de todos eles nas bibliotecas públicas, juntamente com os proeminentes autores do passado". Eles eram poetas gregos do período helenístico – os dois primeiros viveram no século III a.C., o último no século I a.C. – que foram famosos e influentes. Mas será que todas as bibliotecas de Roma precisavam armazenar suas obras? Adriano e Antonino Pio uma vez depositaram em uma das bibliotecas uma cópia de um tratado médico em verso heroico que se estendia por não menos que quarenta livros.

Para um estudo sério dos escritos gregos, os eruditos precisavam ir para Alexandria. Para o latim, por outro lado, o melhor lugar era Roma. Ainda que a informação disponível nos possibilite citar apenas uns poucos títulos aleatórios que estavam entre os repositórios das câmaras latinas nas bibliotecas romanas, podemos ter certeza de que tudo de valor naquela língua se encontrava ali. O conjunto das bibliotecas de Roma representava, para o latim, o que a única grande Biblioteca de Alexandria representava para o grego.

E Roma quase certamente seguiu a prática de Alexandria de se certificar de que os textos nas suas prateleiras eram corretos, sendo o mais livres possível de erros relativos à escrita e outras falhas. Esse foi um serviço de benefício infinito: auxiliou diretamente Gélio e seus pares, amantes da literatura, que queriam ter certeza de que estavam lendo as palavras exatas que, digamos, Virgílio havia escrito. Indiretamente, auxiliou os compradores de livros porque, quando estes encomendavam um título de um vendedor de livros que não o possuía em estoque — e por isso enviavam seu escriba para uma biblioteca a fim de fazer uma cópia — poderiam ter certeza de que o livro que receberiam havia sido reproduzido a partir de um texto confiável.

As bibliotecas atuais adquirem a maioria dos seus livros por compra e por doação. As bibliotecas públicas de Roma adquiriam alguns por doação, mas a maioria era pela realização de cópias, e um número mínimo, se havia algum, por compra.

Na época da República Romana, o principal caminho pelo qual os livros entravam em circulação era pela apresentação, feita pelos autores, de cópias de suas obras para amigos, colegas escritores, patronos, proprietários de coleções privadas e afins. Este continuou a ser um importante caminho mesmo depois da criação das bibliotecas públicas, uma vez que os autores as acrescentaram à sua lista de receptores. Eles estavam ávidos por terem suas obras nas prateleiras; isso era uma marca de *status*, bem como uma *entrée* para um círculo maior de leitores.

Muito provavelmente as bibliotecas adquiriam a maioria de seu repositório de escritos correntes por meio das doações dos autores.

Quanto aos escritos mais antigos, enquanto as doações, como a de Tibério, das obras dos três poetas gregos da época helenística devem ter fornecido um certo número, a grande maioria foi adquirida por meio de arranjos para se fazerem cópias. A primeira medida dos encarregados de estocar a Biblioteca Palatina e a Biblioteca do Pórtico de Otávia pode muito bem ter sido enviar equipes de escribas para transcrever livros na biblioteca de Pólio. A medida seguinte pode ter sido enviar escribas a residências com grandes coleções particulares. Algumas das mais notáveis nos tempos republicanos, como a de Varrão, Lúculo ou Sula, haviam sofrido confiscos porque seus donos estiveram no lado perdedor nas guerras civis romanas, mas os livros, presumivelmente, ainda estavam disponíveis em outros lugares. A esplêndida Biblioteca de Ático certamente estava disponível; por habilmente permanecer apolítico, Ático superou todas as tempestades políticas e morreu em sua cama no ano de 32 a.C., com sua propriedade intacta. Com Pólio, Ático e outras boas coleções à sua disposição, o povo de Augusto em Roma achou-se, sem dúvida, no direito de ter todos os títulos latinos que procurava, além de uma boa parte dos gregos. Para mais títulos gregos, havia a abrangente coleção de Alexandria a qual recorrer.

Observamos anteriormente que no ano 80 d.C. a Biblioteca do Pórtico de Otávia havia se incendiado e que Domiciano a restaurou. Os passos que seguiu para tornar a encher as prateleiras ilustram os caminhos básicos pelos quais as bibliotecas imperiais faziam aquisições. Suetônio relata que "ele colecionava cópias de todos os lugares e enviava pessoas para Alexandria para fazer transcrição e correção". Para colocar isso de forma menos sucinta, Domiciano ordenou que fossem feitas cópias de quaisquer títulos que estivessem disponíveis em qualquer lugar das redondezas, sem dúvida nas outras bibliotecas imperiais, bem como nas coleções particulares. Os que não estivessem disponíveis – obviamente as obras em grego –, mandou que fossem reproduzidos, enviando escribas para a Biblioteca de Alexandria. Ele também permitia que os escribas levassem com eles cópias que haviam sido feitas em Roma, cuja acurácia era duvidosa, para que fossem checadas com uma versão confiável em Alexandria.

Por fim, as bibliotecas imperiais podiam adquirir títulos dos vendedores de livros de Roma uma vez ou outra.

Como observamos, nos tempos republicanos o comércio de livros tinha uma má reputação. Seu serviço prioritário era fornecer livros solicitados por fregueses, o que significava que os negociantes precisavam localizar exemplares para transcrever, e isso representava um problema numa cidade que possuía apenas bibliotecas particulares. A chegada do império criou um novo clima cultural que expandiu o papel dos negociantes de livros. Roma tornou-se o centro por excelência do estudo de latim e da literatura, atraindo escritores, eruditos, homens de letras, estudantes, professores e similares de todos os lugares. Esse clima não apenas aumentou os grupos de compradores de livros, mas inspirou as livrarias a fornecerem um novo serviço: disponibilizar, para a venda imediata, as obras dos autores populares contemporâneos, particularmente os poetas.

Nossa melhor informação disponível sobre as livrarias na época imperial vem do humorista Marcial, que escreveu no fim do primeiro século e começo do século II d.C. De suas observações, nota-se que em sua época havia tantas livrarias que elas eram capazes de se especializar. Pelo menos quatro delas negociavam suas próprias obras, e três estocavam diferentes tipos de edições. Uma livraria pertencente a um certo Trifão vendia cópias comuns e baratas. Marcial diz, por exemplo, de uma nova publicação sua que:

> Este pequeno livro delgado, na loja do Trifão
> custa apenas quatro moedas de cobre e nem um centavo a mais.
> Quatro é demais? Deixa você no vermelho?
> Então, pague duas; ele ainda vai sair na frente.

Na livraria de Atrecto, os compradores podiam encontrar cópias luxuosas ricamente decoradas no seu exterior e que custavam muito mais do que as cópias comuns. E uma terceira livraria, a Secundus, oferecia uma novidade: uma edição que era feita em pergaminho ao invés de papiro e que não era em forma de rolo, mas na forma de um códice, o antigo equivalente do que chamamos um livro, ou seja, uma reunião de páginas escritas em ambos os lados. Isso o tornava particularmente conveniente para se levar numa viagem. Como diz Marcial:

> Você quer levar os meus poemas aonde quer que vá,
> como companheiros, digamos, numa viagem para uma terra
> [distante?
> Compre isso. É embalado firme em páginas de pergaminho,
> [assim,
> deixe seus rolos em casa, porque isso ocupa apenas uma mão!

Estava à venda apenas na loja de Secundus, então ele é cuidadoso ao dar o endereço:

> Agora, caso você não conheça o lugar,
> vou te salvar da perseguição de um ganso selvagem:
> caminhe até passar o Templo da Paz, então, pare
> e pergunte por Secundus, a loja do liberto.

Os autores levavam seus manuscritos aos vendedores de livros, que providenciavam para que seus escribas fizessem múltiplas cópias. Os autores não recebem nada das vendas; como foi apontado anteriormente, não havia no mundo antigo essa coisa de direitos autorais ou direitos de patentes. Eram livreiros como Trifão e Secundus que embolsavam os lucros. Marcial e seus colegas escritores cooperavam de boa vontade porque as lojas lhes permitiam chegar a um grupo muito maior de leitores do que o seu círculo de amigos, patronos e outras pessoas a quem distribuíam cópias do autor. E, se não recebiam nenhum dinheiro das lojas, a dela, pelo menos economizava algo para eles: o autor tinha que pagar por cada cópia que distribuía, e era prático poder sugerir às pessoas que o importunavam por uma cópia, e a quem ele não queria dar, que elas fossem a uma livraria para obtê-la. Isso nem sempre funcionava satisfatoriamente, como podemos perceber no seguinte diálogo:

> "Uma cópia do autor? Não tenho nenhuma para distribuir.
> Tente a loja de Trifão; você encontrará uma lá.
> "Quero que você saiba que não há maneira,
> a não ser que minha mente tenha se perdido,

de que qualquer das suas trivialidades eu desse dinheiro para
[comprar.
Coisas malucas eu não faço!" "E eu também não."

Pelo menos algumas livrarias estocavam outras obras significativas além de literatura popular corrente. Trifão, por exemplo, era o editor – ou seja, fazia as cópias e as oferecia para venda – da abrangente e longa análise do treinamento de um orador, escrita pelo culto Quintiliano. Em inúmeras livrarias, os clássicos conhecidos, como a história de Lívio ou os poemas de Virgílio, estavam disponíveis. E havia algumas que vendiam livros antigos livrarias antiquárias, em nossa terminologia. Gélio conta como, em uma livraria em Roma, ele encontrou "expostos para venda os *Anais,* de Fábio, uma genuína cópia antiga que o negociante afirmava ser livre de erros". A referência diz respeito à obra magna do historiador Fábio Pictor, que data de cerca de 200 a.C.

As bibliotecas eram inquestionavelmente de grande benefício para os negociantes de livros: quando um freguês solicitava um título que eles não tinham em mãos, podiam, como observamos, enviar um escriba para a biblioteca e duplicá-lo. Se o oposto é verdadeiro, ou seja, se as bibliotecas tiveram que recorrer às livrarias, é difícil dizer. Dado que os escritores contemporâneos incluíam as bibliotecas entre seus receptores de cópias de apresentação, as livrarias não tinham nada a oferecer a esse respeito. Itens que uma biblioteca pudesse usar poderiam ser encontrados nas lojas de antiguidades. O *bibliothecarii* pode tê-los rondado regularmente, assim como o bibliotecário de hoje vasculha os catálogos de livros usados.

Finalmente, uma palavra sobre os serviços que as bibliotecas de Roma ofereciam.

As bibliotecas deviam ter um horário fixo para abrir ao público, provavelmente desde o nascer do sol até o meio-dia, horário padrão para os negócios no mudo grego e romano. O público a que elas serviam incluía escritores, eruditos, amantes da literatura, do saber e similares, escribas que os usuários dessa biblioteca enviavam para fazerem cópias para eles, bem como escribas que os negociantes de livros enviavam para duplicar títulos solicitados pelos fregueses.

6.6 Réplica em pedra de um balde de couro cheio de rolos (parte de uma estátua de Sófocles).

Os livros deviam ser retirados das estantes por pajens; embora não tenhamos prova disso, a alternativa, permitindo que os próprios leitores os pegassem, teria sido difícil e potencialmente prejudicial. As estantes eram numeradas, como observamos anteriormente, mas isso fornecia apenas uma ideia muito geral para a localização de uma obra, uma vez que cada estante continha várias centenas de rolos empilhados, uns em cima dos outros, nas prateleiras. Eles eram organizados de alguma forma, provavelmente de acordo com o sistema usado nas bibliotecas gregas (ver Cap. 3), mas, mesmo assim, encontrar determinado título e extraí-lo de entre os seus vizinhos do lado e de cima exigia alguém não apenas familiarizado com os repositórios, mas também com experiência no manuseio dos rolos de papiro. Um puxão desajeitado poderia facilmente causar danos, uma vez que o papiro, apesar de resistente para se escrever, rasga-se facilmente. Para serem retirados de dentro das estantes, os rolos eram colocados verticalmente em baldes de madeira ou de couro; se um pedido envolvesse um lote de rolos, o balde seria, presumivelmente, deixado ao lado da cadeira do leitor.

Ao menos algumas bibliotecas permitiam o empréstimo. A evidência desse privilégio surge claramente em um incidente reportado por Gélio. Ele e alguns amigos estavam hospedados em uma vila próxima de Tibur (Tivoli), e quando lhes foi servida neve derretida para beber, um especialista em Aristóteles que por acaso estava entre eles os advertiu de que, de acordo com Aristóteles, aquilo era prejudicial. Para provar o que dizia, foi até a biblioteca da cidade e voltou com o volume das obras de Aristóteles que continha a passagem em questão; a biblioteca permitiu que ele pegasse a obra emprestada, mesmo que aquele fosse provavelmente um exemplar único. De uma biblioteca em Atenas sobreviveu uma inscrição que declara que os diretores haviam decidido eliminar o empréstimo; a conclusão é que outras o permitiam. Em Roma, Marco Aurélio e seu professor, de acordo com o que mostra a carta citada anteriormente, eram capazes de fazer empréstimos tanto da Biblioteca Palatina quanto da biblioteca de Tibério. Algumas pessoas argumentam que eles gozavam de um privilégio especial devido à sua posição social elevada, mas esse não seria necessariamente o caso: se o empréstimo continuou fora de Roma, por que não também em Roma?

Revisamos as bibliotecas públicas na Roma imperial – como elas se estruturavam, como eram suas equipes, seus conteúdos, seus métodos de aquisição, que serviços ofereciam. Agora, vamos nos voltar para o resto do império.

7
Bibliotecas do Império Romano
Fora da cidade de Roma

Em 395 d.C., a vasta área governada por Roma, que se estendia desde a Bretanha até o Oriente Próximo, dividiu-se em Império do Oriente e Império do Ocidente. Isso foi o resultado inevitável de uma diferença fundamental: o que se tornou o Império Oriental – a Grécia, as ilhas gregas, a Ásia Menor, o Levante e o Egito – falava a língua grega e vivia uma cultura grega que antecedia em muito a conquista por Roma, uma cultura que nunca foi substituída apesar da enxurrada de soldados, administradores, comerciantes, empresários e outros romanos. No que se tornou o Império Ocidental – Itália, França, Espanha, Inglaterra, costa norte da África –, a situação foi revertida: uma vez que as legiões marcharam para o interior, o latim, gradualmente, se tornou a língua comum, e a cultura romana prevaleceu sobre as várias culturas nativas.

As conquistas de Roma começaram com a Itália e, por volta da época de Augusto, o latim havia se estabelecido em toda a península como a língua dominante e a cultura romana como a cultura dominante. Além disso, em meados do século I d.C. a alfabetização havia atingido um alto nível a julgar pelo que foi encontrado em Pompeia, a única supridora de informação sobre o cotidiano dos romanos. Nas paredes de salas, fachadas das casas e em outras superfícies, há centenas de grafites; eles foram tão bem protegidos ao longo dos séculos pelo cobertor de cinza vulcânica que cobriu a cidade que ainda podem ser lidos. Os mais rudimentares são, a seu modo, os mais reveladores – letras do alfabeto rabiscadas nos pedaços mais baixos das paredes dos quartos, sem dúvida trabalho de crianças praticando o abecedário. Também deve ter havido crianças mais adiantadas no estudo que, repetindo o que estavam aprendendo nas escolas, produziam grafites que consistiam em restos de linhas de Virgílio (*arma virumque cano* – "Eu canto as armas e o varão", as palavras de abertura da Eneida eram comuns). Muitos habitantes de Pompeia escreveram nas paredes sobre suas alegrias e tristezas amorosas; alguns não eram apenas letrados, mas literários, capazes de expressar seus sentimentos citando versos de Propércio, Tibulo e Ovídio, os poetas romanos do amor, por excelência. Como os escrevinhadores que "pichavam" suas obras, os artistas que decoravam as paredes comportam-se como testemunhas da alfabetização de Pompeia: pintavam cenas que incluíam figuras lendo rolos, desenhavam retratos mostrando homens segurando rolos e mulheres segurando anotações e incluíram, entre os temas de suas naturezas mortas, instrumentos e materiais de escrita – canetas, tintas, rolos, tabuletas. Visivelmente, a leitura e a escrita não eram limitadas a uma elite da camada superior da população da cidade. Assim, não há motivo para pensar que Pompeia era excepcional; outras comunidades italianas foram igualmente letradas.

C.I.L. IV 4091
QVIS AMAT VALEAT PEREAT QVI
NESCIT AMARE BIS TANTI PEREAT
QVISQVIS AMARE VETAT

7.1 Grafites de amantes, em escrita cursiva latina fluente, encontrado numa parede em Pompeia. Está escrita em forma de um dístico elegíaco: *Quis[quis] amat valeat pereat qui nescit amare. / Bis tanto pereat quisquis amare vetat.* "Longa vida a quem está apaixonado e morte para quem é ignorante do amor. Duas vezes a morte para aqueles que proíbem estar apaixonado."

Então, não é surpresa que houvesse bibliotecas públicas em Pompeia e em outros lugares da Itália. Em Pompeia, os verdadeiros restos foram descobertos e sua em outros lugares, existência deles é comprovada por inscrições –, casualmente, estas nos informam que, como nas bibliotecas públicas dos tempos helenísticos (Cap. 4), ou como nas nossas próprias bibliotecas Carnegie, o dinheiro dessas instituições não provinha de fundos do governo, mas de doadores generosos. Uma inscrição em uma região chamada Comum (Como) registra que o jovem Plínio, nativo de lá, entre outros presentes, deu à sua terra natal uma biblioteca, juntamente com um fundo de 100 mil sestércios (equivalente talvez a cerca de 400 mil dólares em poder de compra) para mantê-la. Uma inscrição de Sessa Aurunca (próxima da costa, a cerca de dois terços do caminho de Roma a Nápoles) menciona uma biblioteca Matidiana – pelo nome, é quase certo que tenha existido uma biblioteca doada por Matídia, sogra de Adriano. Em Volsínios (Bolsena, perto de Orvieto), uma inscrição diz que um cidadão doou uma biblioteca e os livros para ela. Tibur (atual Tivoli) possuía uma biblioteca, como temos conhecimento devido a uma anedota de Gélio discutida no fim do capítulo anterior. Essas são as poucas cuja existência por acaso entrou no registro histórico; certamente houve outras que desapareceram sem deixar vestígios.

A leste da Itália, a parte de língua grega das bibliotecas do império, como já vimos, vinha existindo desde os tempos helenísticos. No primeiro e segundo século d.C., quando, juntamente com o resto do mundo mediterrâneo, essa região gozava da paz e prosperidade da *Pax Romana*, ainda mais bibliotecas foram construídas em inúmeros grandes centros. Isso revela o impacto dos novos governantes: elas eram quase todas do tipo romano, ou seja, salas de leitura com livros guardados em estantes ao longo das paredes.

Alexandria havia caído em mãos romanas juntamente com o resto do Egito em 30 a.C. Sua grande biblioteca foi mantida e, durante o reinado de Cláudio, foi expandida por uma "adição Claudiana" onde, uma vez por ano, uma das duas histórias de que este erudito imperador era autor – uma história dos etruscos, que chegava a 20 livros, e uma história de Cartago, que chegava a 8 – era lida em voz alta do começo ao fim. A outra era lida em algum lugar do prédio original. Como porque o erudito Cláudio as havia escrito em grego e não em latim, a língua não representava nenhum problema para os ouvintes de Alexandria. É uma suposição razoável que a nova adição, além de servir como uma sala de audiência, alojava cópias das histórias para que elas pudessem estar disponíveis para consulta em todos os momentos e não apenas para serem ouvidas em uma única ocasião anual. Os arquitetos podiam facilmente ter cuidado disso acrescentando às suas especificações algumas estantes – nichos em estilo romano nas paredes –, ou talvez mais que apenas algumas, para acomodar as obras gregas selecionadas também por outros autores romanos (se os acervos de Alexandria alguma vez incluíram obras em latim, esta é uma questão em aberto).

A rival de Alexandria, a biblioteca em Pérgamo, passou para o controle dos romanos um século antes, pouco depois de 133 a.C., quando eles tomaram o controle do reino dos Atálidas. Obviamente, os romanos mantiveram a biblioteca funcionando até o tempo do namoro de Marco Antônio com Cleópatra, isto é, até os anos que antecederam a batalha de Ácio em 31 a.C., porque, como observamos anteriormente (Cap. 3), um dos seus exagerados gestos de afeição foi presenteá-la com 200 mil volumes da biblioteca (ela provavelmente acrescentou esses volumes à coleção alexandrina). Sabemos disso por um informante não muito confiável, mas podia haver verdade em suas palavras. Os Atálidas haviam criado a biblioteca para melhorar a imagem cultural de seu regime, e agora que os livros tinham ido embora, ela tinha perdido a razão de ser, assim como os fundos reais que cobriam os custos de manutenção. O ato de Marco Antônio pode ter sido um modo perspicaz de se livrar de algo que poderia ter se tornado um fardo financeiro e para o qual, do seu ponto de vista, não havia nenhum interesse em particular.

No reinado de Adriano, Pérgamo adquiriu outra biblioteca, esta muito menor em tamanho do que a dos Atálidas e com propósito muito diferente. Na periferia da cidade havia um santuário de Asclépio que tinha se tornado um célebre centro de saúde. Lá, além de construções para tratamento dos pacientes, havia amenidades para ajudá-los a passar o tempo, tal como pórticos para caminhadas vagarosas e um teatro para vários tipos de performance. Uma inscrição que sobreviveu ali registra que uma generosa mulher do local, Flávia Melitine, acrescentou uma biblioteca ao centro. Seus restos foram descobertos e mostram que a construção era tipicamente romana: uma sala com nichos para estantes e, no centro da parede do fundo, um pórtico em forma de arco para uma estátua. Era de bom tamanho, tinha 16,52 metros ao longo das partes dianteira e traseira e 18,5 metros ao longo dos lados, mas era baixa, com apenas um nível de nichos, cujo número total chegava a dezesseis – dois em cada lado do pórtico e seis em cada uma das paredes laterais. O presente de Melitine foi, de fato, uma ampla sala de leitura com uma modesta coleção, justamente o que leitores casuais – como eram aqueles do centro de saúde – iriam considerar mais útil.

A cidade de Atenas sob o Império Romano ainda era culturalmente importante, e nas primeiras décadas do segundo século ganhou duas novas bibliotecas. Uma era convenientemente localizada no canto sudeste da ágora, onde os escavadores descobriram uma inscrição que declarava "Tito Flávio Pantaino... dedicou a Trajano... e à cidade de Atenas, de seu próprio bolso as colunatas, a área circundada por elas, a biblioteca com seus livros e toda a decoração envolvida". Somente restos escassos da própria estrutura sobreviveram e mostram que Pantaino construiu sua biblioteca no estilo tradicional grego: uma série de pequenas salas diante de um pórtico.

Cerca de duzentos metros a nordeste da biblioteca de Pantaino havia uma segunda biblioteca, um belo presente dado à cidade pelo imperador Adriano. Era, na verdade, uma combinação de biblioteca e mosteiro, um amplo complexo retangular que media, ao todo, 82 metros dos lados e 60 metros nas partes dianteira e traseira. Uma parede fechava tudo, com a colunata do mosteiro correndo em seu interior. Ao longo das laterais, a parede abaulava-se para o exterior em três pontos para criar reentrâncias onde as pessoas podiam sentar nos seus momentos de descanso, enquanto a grande área aberta no centro dava para um jardim e uma piscina. A parede

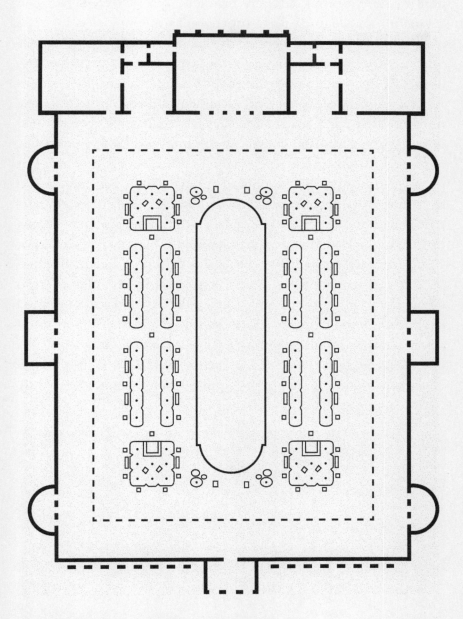

7.2 Planta da Colunata de Adriano em Atenas.

traseira era afastada da colunata para criar espaço para uma linha de câmaras; a central delas era maior do que as outras, cerca de 23 metros ao longo da parte traseira e 15 metros dos lados. Essa era a biblioteca, e, como podemos esperar de uma doação de um imperador romano, era em estilo romano, as paredes alinhadas com os nichos. Sua parede da frente era paralela à colunata do mosteiro e, como as bibliotecas nos estabelecimentos de banhos em Roma, tinham como entrada uma abertura na colunata. A abertura não tinha portas, e sim meras quatro colunas situadas em intervalos iguais; muito provavelmente, os intervalos eram atravessados por portões de bronze que se prendiam nas colunas para permitir o fechamento da biblioteca fora dos horários de funcionamento. A parede do fundo da câmara tinha a costumeira abside para uma estátua. Os nichos eram de tamanho usual, 2,8 metros de altura por 1,20 metro de largura e 50 centímetros de profundidade. E apesar de só haverem sobrevivido as ruínas de um nível, as indicações são de que havia mais outros dois acima dele. Essa estrutura permitia um bom número de nichos: foi calculado que havia sessenta e seis ao todo, quase o dobro do número em cada uma das câmaras da biblioteca de Trajano em Roma (ver Cap. 6). Os nichos ali, no entanto, eram muito mais largos e provavelmente muito mais altos.

7.3 Modelo da biblioteca de Adriano em Atenas. Exibido no Coliseu.

Por volta da mesma época em que os atenienses recebiam presentes suntuosos de Adriano, Éfeso, sede do governo romano na província em que estava localizado e importante porto marítimo na costa ocidental da Ásia Menor, recebeu uma biblioteca que era menor, mas igualmente suntuosa. Inúmeras inscrições nos informam que ela foi erigida por Tibério Júlio Áquila Polemeno como uma doação para sua cidade e memorial para seu pai, que foi um homem de mérito ainda maior que o de seu filho. Sabemos por uma das inscrições que Áquila morreu antes que a estrutura da biblioteca fosse completada, o que provavelmente aconteceu em torno de 135 d.C.

> Para Tibério Júlio Celso Polemeno, cônsul, procônsul da Ásia [isto é, governador da província], Tibério Júlio Áquila Polemeno, cônsul, seu filho instalou a Biblioteca de Celso com seu próprio dinheiro, bem como a decoração, estatuaria, e livros. Ele deixou para a sua manutenção e para a compra de livros 25.000 dinheiros [o equivalente em poder de compra de talvez US$400.000] [...] Os herdeiros de Áquila terminaram sua construção.

7.4 Fachada da biblioteca de Celso em Éfeso.

Era tão vasta a quantidade de restos que os arqueólogos foram capazes de reconstruir o prédio quase inteiramente. Os resultados são surpreendentes: os visitantes atuais veem uma biblioteca romana quase intacta que é, ao mesmo tempo, uma atração arquitetônica. A mais extraordinária característica é a fachada, toda de mármore e em dois níveis elaboradamente adornados com colunas, edícula saliente e inúmeras estátuas. Um lance de oito degraus abarcando toda a sua largura leva até o nível mais baixo, que tem três entradas consideráveis ladeadas por uma edícula que abriga estátuas femininas. As inscrições nas bases mostram que elas representam a Sabedoria, a Virtude e o Conhecimento – qualidades de que Celso era um exemplo e, ao mesmo tempo, objetivos que se pode buscar por meio dos recursos de uma biblioteca. O segundo nível tem três edículas encimadas por maciços frontões que emolduram grandes janelas. O interior é uma câmara retangular elevada, com 16,7 metros desde a frente até a parte de trás e cerca de 10,9 metros dos lados, em estilo romano padrão, com uma abside para uma estátua e nichos para as estantes. Os nichos mediam 2,8 metros de altura e 1 metro de largura – por 50 centímetros de profundidade, um pouco mais estreitos que o usual –, e havia três níveis deles na parede do fundo. A abside, elevando-se quase até o teto, era flanqueada em cada lado por dois nichos, enquanto as paredes laterais tinham três níveis de três cada uma. Dessa forma, havia trinta nichos ao todo, capazes de conter, em uma estimativa grosseira, cerca de 3 mil rolos. Sob os nichos do nível inferior estendia-se uma plataforma de 1 metro de altura e 1,2 metro de profundidade. Sobre ele, ficavam apoiadas as colunas que sustentavam a galeria, fornecendo acesso aos nichos do segundo andar e este, por sua vez, apoiava as colunas que sustentavam a galeria do terceiro andar. O telhado era plano e pode ter tido um óculo, uma abertura circular no centro, para a passagem da luz. Foi dada, claramente, mais atenção à beleza e à opulência da estrutura do que ao tamanho da coleção que continha. Isso é compreensível: os restos do homem em cuja memória foi construída repousam em um sarcófago monumental no subsolo da câmara abaixo da abside: o prédio era um mausoléu e uma biblioteca.

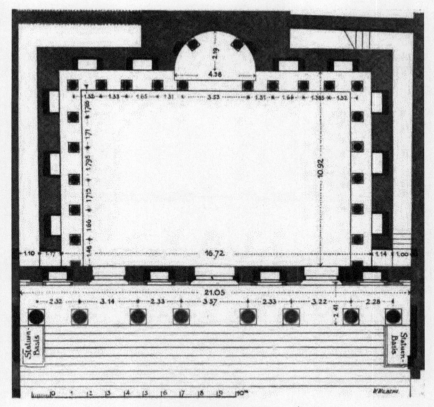
7.5 Planta do interior da biblioteca de Celso em Éfeso.

Quando nos voltamos para a metade ocidental do Império Romano, surge um curioso quadro. Por toda a área que corresponde hoje a Inglaterra, a Espanha, a França e a costa norte da África, temos provas da existência de bibliotecas em apenas dois lugares: Cartago, na Tunísia, e Timgad, na Argélia.

Sabemos que houve uma biblioteca em Cartago porque um escritor romano do século II d.C. mencionou isso por acaso. A Cartago original, a grande capital púnica, havia sido arrasada pelos romanos em 146 a.C. Augusto construiu uma nova cidade no local e ela se desenvolveu para ser próxima a Roma em tamanho e importância, adquirindo fama em especial como um centro educacional. Era de se esperar que ela tivesse uma biblioteca.

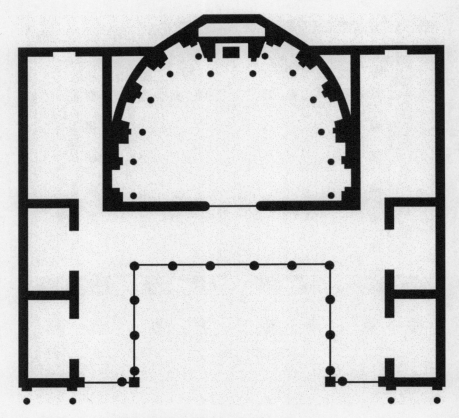

7.6 Planta da biblioteca em Timgad. Século III d.C.

Timgad – ou Thamugadi, para usar o antigo nome – foi fundada por Trajano em 100 d.C. e rapidamente se tornou uma cidade próspera. Sabemos que tinha uma biblioteca somente por causa da incomum e abrangente investigação arqueológica que houve ali. Os escavadores deixaram toda a cidade antiga à mostra e, em uma das principais ruas, descobriram os restos de um edifício identificado por uma inscrição como uma biblioteca. Ela havia sido paga, como frequentemente acontece em outros lugares, por um cidadão generoso. Não há indicação de data, mas as pistas apontam para o século III d.C., talvez mais tarde. Então, pelo menos um século e, provavelmente, mais, se passou antes que a cidade tivesse uma biblioteca. O edifício era incomum, sendo de forma absidal e coberto por um semidomo – uma espécie de versão independente, de tamanho menor, da área da biblioteca nos Banhos de Trajano em Roma (ver Cap. 6). No centro da parede curva da abside havia espaço para uma estátua, e de cada lado havia quatro nichos para estantes, com 1,25 metro de largura e 50 centímetros de profundidade e, sem dúvida, cerca de 2 metros ou mais de altura. As partes de cima se perderam, de modo que não podemos ter certeza de suas dimensões. Uma pequena sala estreita flanqueava a câmara absidal em ambos os lados; isso era, provavelmente, para o armazenamento de livros, uma vez que os oito nichos da própria biblioteca não podiam ter acomodado a maior parte de uma coleção, mesmo uma que fosse limitada – o que sem dúvida não era o caso aqui, com exceção para os títulos latinos.

Thamugadi se vangloria do fato de ter possuído a única biblioteca atestada tanto arqueologicamente quanto por inscrições no vasto espaço do Império Romano a oeste da Itália. Esse fato certamente não aconteceu porque a cidade era culturalmente única, um oásis solitário em um retrógrado terreno baldio. A dominação romana urbanizou e romanizou completamente a totalidade do ocidente, substituiu assentamentos nativos por uma rede de comunidades, grandes e pequenas, nas quais a língua cotidiana era o latim e a cultura era a romana. Nos tempos imperiais, a alfabetização, se não tão profundamente arraigada e penetrante como na parte do império falante de língua grega, era generalizada. Havia mestres-escolas lecionando classes elementares em latim em todos os povoados importantes, enquanto as cidades ofereciam classes mais avançadas e, em algumas grandes cidades, tal como Cartago ou Marselha, uma pessoa podia ter o equivalente a um treinamento universitário. Marcial, por exemplo, nasceu em Bilbilis, uma cidade no nordeste da Espanha, e só saiu de lá para Roma quando atingiu os 20 anos: foi em Bilbilis que ele conseguiu a educação essencial à sua habilidade espantosa em lidar com a língua latina. Bilbilis, ao que parece, era uma localidade tão provável para a biblioteca quanto Cartago, assim como outros de centros importantes. E deve ter havido uma grande quantidade de cidades além de Timgad cuja população incluía homens e mulheres com riqueza e ambição cultural para conceder uma biblioteca aos seus conterrâneos.

- 137 -

O fato de somente duas bibliotecas terem sido comprovadas no oeste de Roma não significa, necessariamente, havia apenas essas poucas, mas sim que quaisquer que fossem as outras, haviam desaparecido entre as rachaduras dos registros históricos. Nossa informação sobre a existência de bibliotecas antigas, bem como sobre muitos aspectos do mundo antigo, deriva de fontes aleatórias. Sabemos da biblioteca de Cartago somente por causa de um comentário de um escritor; sabemos da de Timgad somente graças a uma escavação excepcionalmente meticulosa do local onde estava situada. Acontece que, na miscelânea de escritos gregos e romanos que por um motivo ou outro chegaram até nós, não há nenhuma menção sobre bibliotecas em, digamos, Marselha ou Narbona, embora haja razões para se acreditar que elas existiram nesses lugares. E quando os arqueólogos escavarem em outros lugares tão abrangentes quanto Timgad, podem muito bem encontrar uma inscrição registrando a doação de uma biblioteca por um benfeitor, ou desenterrar os restos de um edifício com os característicos nichos de estantes de livros em suas paredes.

7.7 Modelo dos restos da biblioteca de Timgad.

Quando passamos para a questão sobre o que as bibliotecas provinciais tinham em suas estantes, a informação é igualmente aleatória.

É razoável supor que o coração de suas coleções consistia em autores tradicionais. Há alguma confirmação disso em uma inscrição de Halicarnasso, a cidade na costa sudoeste da Ásia Menor que goza da fama de ter sido o local de nascimento de Heródoto. A inscrição registra as honras oficiais acumuladas em um luminar local, um escritor de tragédia chamado Caio Júlio Longiano. Elas incluem a colocação de seus livros "em nossas bibliotecas de modo que nossos jovens possam aprender a partir delas da mesma maneira que aprendem a partir de obras dos antigos". A implicação clara é que a juventude de Halicarnasso tinha disponível nas bibliotecas (aparentemente havia mais de uma) as obras de escritores de muito tempo atrás – de Homero, de Eurípides, certamente de Heródoto, o querido da cidade, e assim por diante. Nessa respeitada companhia seriam acrescentadas as obras de Longiano.

O fato de as bibliotecas municipais terem incluído entre suas propriedades as publicações de autores locais pode muito bem ter sido uma prática comum; essa ocorrência está atestada em Rodiápolis, uma cidade no interior do sudoeste da Ásia Menor, bem como em Halicarnasso. Nessa ocasião, o autor era um médico que, além de praticar a medicina, escreveu tratados sobre o assunto. Estes eram escritos em verso, o que não era incomum, e deram ao autor tamanha fama que, entre certos grupos intelectuais eruditos, ele era conhecido como o "Homero da poesia médica". Os órgãos dirigentes de Rodiápolis autorizaram a criação de uma inscrição em honra a este médico-poeta da cidade, e entre as inúmeras manifestações de sua boa vontade gravadas ali, estava a doação de cópias de suas obras para sua cidade natal.

As coleções de Halicarnasso, de Rodiápolis e de outros lugares do leste consistiam quase exclusivamente em livros escritos em grego. Os restos arqueológicos da biblioteca de Adriano, em Atenas, e de Celso, em Éfeso, entre outras, mostram apenas uma câmara. Não há exemplos de câmaras gêmeas como as das bibliotecas em Roma, onde os repositórios continham ambas as línguas, o latim e o grego.

Nas bibliotecas do oeste, provavelmente os livros eram quase exclusivamente em latim, por isso a câmara única em Timgad.

Mas havia exceções que revelavam a presença de alguns títulos inesperados nas prateleiras das bibliotecas locais. Sabemos delas pelas experiências daquele infatigável usuário de bibliotecas, Aulo Gélio (ver Cap. 6). Na biblioteca de Tibur (Tivoli), ele foi capaz de consultar os *Anais* de Cláudio Quadrigário, um historiador romano das primeiras décadas do século I a.C. Estava escrito em latim, certamente, mas dificilmente era uma obra padrão. A grande surpresa de Tibur surge da narrativa de Gélio a respeito de uma disputa erudita entre alguns literatos, que ficavam em uma vila próxima, sobre uma declaração em Aristóteles (ver Cap. 6 até o fim). Os pelejantes foram capazes de resolvê-la porque a biblioteca de Tibur tinha um conjunto dos escritos de Aristóteles, um acervo que possivelmente só seria encontrado em bibliotecas grandes.

Então, houve a surpreendente descoberta que Gélio fez em Patras, a florescente cidade na costa noroeste do Peloponeso. Na biblioteca de lá, ele se deparou com uma "cópia de inquestionável antiguidade" (*librum verae vetustatis*) da tradução para o latim de Lívio Antonico da *Odisseia* (ver Cap. 5 no início). O título que encontrou, observa ele, não era o latino, mas sim o grego, escrito em letras gregas. Isso pode muito bem ter acontecido para a conveniência dos pajens e outros funcionários da biblioteca que não estavam familiarizados com o alfabeto romano; nossas bibliotecas transliteram títulos em árabe ou hebreu para letras inglesas por razões similares. Mas o que uma tradução do épico de Homero para o latim arcaico estava fazendo na biblioteca de uma cidade onde a população era grega e o original poderia ser adquirido em qualquer livraria? Augusto tinha assentado um número considerável de soldados romanos em Patras e lá, sem dúvida, havia outros romanos residentes, mas qualquer um entre eles que tivesse educação para usufruir da biblioteca de Patras teria sido capaz de ler o poema no original. Gélio enfatiza que a cópia que ele viu era genuinamente antiga, e isso a fazia parecer um livro raro, algo que um bibliófilo teria possuído. Poderia algum bibliófilo local ter adquirido essa cópia durante uma viagem para a

Itália, trazido-a para casa e, na sua morte, seus herdeiros terem-na doado para a biblioteca?

Em suma, as bibliotecas provinciais continham basicamente os clássicos tradicionais, mas também os escritos de notáveis autores locais nos lugares que se vangloriavam de tê-los, e de vez em quando, uma obra incomum que de alguma maneira tinha ido parar nas estantes.

8
Do rolo ao códice

Até o segundo século d.C., os acervos das bibliotecas eram todos em forma de rolos, alguns de pergaminho, mas a maioria de papiro. Quando a cortina se abre no início da Idade Média, aproximadamente meio milênio mais tarde, códices em forma e constituição semelhantes ao livro moderno haviam substituído o rolo, e eles são principalmente de pergaminho. O rolo continuou a servir para documentos e peças semelhantes, escritos do tipo que vão para pastas ou arquivos, mas o códice era dominante na literatura, nos estudos científicos, nos manuais técnicos e assim por diante – os escritos do tipo que vão para as prateleiras da biblioteca. Foi uma mudança que afetou profundamente todos os que lidavam com livros, desde os leitores casuais até os bibliotecários profissionais.

A mais antiga referência aos códices ocorreu em Marcial não apenas no poema que discutimos anteriormente (Cap. 6), que foi publicado em 85/86 d.C., mas também numa coleção de dísticos que apareceu aproximadamente um ano antes. Cada dístico devia acompanhar um presente. Um deles, com o título "*As Metamorfoses* de Ovídio sobre *Membranae*", diz o seguinte:

> esta massa volumosa de múltiplas dobras
> contém todos os quinze poemas de Ovídio.

A palavra *membranae*, literalmente "peles", é o nome que os romanos davam a um códice de pergaminho; o presente que foi junto com o dístico deve ter sido uma cópia que continha a obra em sua totalidade

– todos os quinze livros – e que foi feita na forma de códice, e não, como era comum na época, em um rolo. Outros dísticos revelam que entre os presentes havia cópias de códices de Virgílio, Cícero e Lívio. As palavras de Marcial dão a clara impressão de que tais edições eram algo que tinha sido introduzido recentemente.

O códice era descendente das tabuletas de madeira para escrita que os antigos usaram durante séculos para fazer anotações (ver Cap. 2). Quando foi necessário mais espaço do que era oferecido pela superfície de uma única tábua, eles empilhavam algumas delas e as encadernavam juntas, perfurando buracos ao longo de um dos lados e passando um cordão pelos furos, criando, dessa forma, um caderno; foram encontrados exemplares com até dez tábuas. Ao longo do tempo, modelos de luxo feitos com tabuletas de marfim em vez de madeira tornaram-se disponíveis. O nome romano para o caderno de tabuletas era *codex* (códice), e somente muito mais tarde o termo adquiriu o sentido que damos a ele. Em algum ponto do caminho, os romanos conceberam um caderno mais leve e menos desajeitado, substituindo nas tabuletas a madeira e o marfim por folhas de pergaminho: colocavam duas ou mais folhas, uma em cima da outra, dobravam-nas no meio, perfuravam buracos ao longo do vinco e passavam um cordão através deles para mantê-las juntas. Foi preciso apenas um pequeno passo entre encadernar umas poucas folhas de pergaminho para tomar notas e encadernar uma maior quantidade delas para escrever textos longos – ou, em outras palavras, para criar um códice no sentido atual do termo.

Os créditos por esse passo vital para os romanos vão. Eles devem ter conseguido isso algumas décadas antes do final do primeiro século d.C., pois como podemos afirmar a partir dos dísticos de Marcial, edições de autores tradicionais em forma de códice passaram a estar disponíveis em Roma, embora ainda fossem uma novidade. Pelo fato de Roma ser o centro do comércio de livros em obras latinas, podemos concluir que a produção de tais edições se originou ali. A grande vantagem que elas ofereciam sobre os rolos era a capacidade, uma vantagem que advinha do fato de que a face externa de um rolo era deixada em branco, enquanto ambas as faces de cada página de um códice continham escritos sobre elas, como em um livro moderno.

"Como uma tabuleta tão pequena contém um imenso Virgílio", admira-se Marcial em um dos seus dísticos; a *Eneida* sozinha teria exigido quatro ou mais rolos.

8.1 Retrato de um casal de Pompeia. Eles enfatizam sua alfabetização: ele segura um rolo; ela, uma tabuleta de madeira na mão esquerda e uma caneta na mão direita.

Os códices com os quais Marcial estava familiarizado eram em pergaminho; nos versos que acompanham o presente de uma cópia de Homero, por exemplo, ele descreve o códice como sendo de "couro com muitas dobras", mas eles também eram feitos de folhas de papiro. No Egito, a terra da planta de papiro e o centro de sua manufatura como material de escrita, o códice de papiro era, sem nenhuma dúvida, mais comum do que o de pergaminho: entre os milhares de pedaços de escritos gregos e latinos que as areias secas daquele lugar preservaram (ver Cap. 4), cerca de 550 são de códices e um pouco mais de 70% deles são de papiro. Provavelmente, o códice de papiro também era o mais comum fora do Egito. Quando os gregos e os romanos tinham apenas os rolos para escrever livros, eles preferiam o papiro ao pergaminho (ver Cap. 2). Há, portanto, muitas razões para se pensar que eles adotaram a mesma preferência em relação ao códice quando ele se tornou disponível.

8.2 Tabuleta para escrita em madeira e cera, 26,7 por 30,2 cm. 500-700 d.C.

Os achados do Egito nos permitiram traçar a gradual substituição do rolo pelo códice. Este fez sua aparição ali não muito tempo depois da época de Marcial, no século II d.C., talvez muito mais cedo, no final do primeiro século. Sua estreia foi modesta: mais de 1.330 peças gregas, literárias, científicas e outros escritos semelhantes foram descobertos desde aquela data até o primeiro e o segundo séculos. Todas estão em rolos, exceto menos de 20 – ou seja, meros 1,5% na forma de códices. No século III d.C., a porcentagem sobe para 17% – claramente, o códice estava ganhando terreno. Por volta de 300 d.C., a porcentagem subiu para 50% – uma paridade com o rolo que se reflete em algumas imagens preservadas, que retratam um homem segurando um rolo ao lado de alguém segurando um códice. Em torno do ano 400 d.C., essa porcentagem é superior a 80% e, mais ou menos em 500 d.C., é de 90%. O rolo ainda tem séculos de vida à sua frente, mas somente para documentos; aquilo que as pessoas liam por prazer, edificação ou instrução estava praticamente tudo nos códices.

O Egito fornece informação não apenas sobre o crescente uso dos códices, mas também sobre sua composição. Apesar de muitos espécimes encontrados estarem em condição fragmentária – frequentemente, em apenas uma página ou parte de uma página –, em uns poucos casos sobreviveram páginas suficientes para revelar como elas foram reunidas. Dentre esses casos, apesar de serem poucos, há uma boa quantidade de variações; provavelmente, os artesãos do livro estavam fazendo experiências quando perceberam seu caminho para a produção desse novo formato. Alguns códices eram feitos como um caderno muito grande, basicamente uma pilha de folhas dobradas ao meio com um cordão inserido nos buracos do vinco para mantê-las juntas. Quando esse tipo primitivo era usado para um texto longo exigindo muitas folhas, o resultado era volumoso, além de suscetível a se dividir ou a rasgar ao longo da espinha. Normalmente os códices eram feitos de cadernos costurados juntos, exatamente como são os livros hoje em dia. Os cadernos podiam ser de folhas simples, cada uma dobrada ao meio, porém com muito mais frequência eles eram de várias páginas, de duas até oito. Também é possível encontrar uma mistura de cadernos. Em um exemplo extremo, teríamos a sequência dos cadernos na forma: cinco folhas, quatro folhas, uma folha, cinco folhas, cinco folhas, oito folhas. Eventualmente, o caderno de quatro folhas, que produz oito folhas e dezesseis páginas, tornou-se o padrão, tanto que seu nome latino é *quaternio*, "quarteto", e é o ancestral etimológico da palavra *quire*, "quatro folhas duplas de papel".

8.3 Desenho da pintura de uma tumba, quinto século d.C., mostrando o falecido (em vestimentas de nobre) segurando um códice e, à direita dele, São Pedro segurando um rolo.

Levou muito tempo, de 100 d.C. até depois de 400 d.C., para o códice suplantar o rolo, ainda que suas vantagens fossem óbvias desde o princípio. Quando o códice ainda era recente no mercado, Marcial, como observamos, reconhecia nele uma vantagem: sua maior capacidade, uma característica que o tornou particularmente conveniente para viajantes. Outro benefício é a facilidade de acesso ao conteúdo: o leitor de um rolo que estivesse procurando por uma passagem em particular tinha que mantê-lo enrolado com uma mão e desenrolá-lo com a outra, enquanto os leitores dos códices meramente viravam as páginas. Além do mais, depois de encontrar o que procurava, se o leitor quisesse se referir novamente ao trecho, podia manter um dedo na página ou marcá-la com um pedaço de papiro enquanto continuava lendo. Do mesmo modo que um livro moderno, um códice podia ser segurado com uma mão, deixando a outra livre para marcar um lugar, tomar notas, pegar outro códice ou até mesmo afugentar uma mosca irritante ou se coçar. Outra vantagem do códice era o fato dele ser, com frequência, encadernado entre capas, geralmente de madeira. Isso mantinha as páginas a salvo de danos, enquanto os rolos eram empilhados nas prateleiras ou armazenados em caixas ou baldes, sem nenhuma proteção. Os códices podiam ter seus títulos escritos ao longo da lombada ou em outro lugar; assim, sempre eram identificáveis. Já o rolo tinha seu título em uma etiqueta, que era presa a uma das pontas e podia se perder ou cair.

Então, por que a adoção do códice demorou tanto tempo? Uma das principais razões certamente foi o enorme peso do hábito. Os leitores estavam acostumados aos rolos; o códice era novo e estranho, levou um tempo para as pessoas se acostumarem com ele. A mesma coisa valia para os artesãos dos *scriptoria*: por séculos os fabricantes de livros tinham reunido rolos, e seus copistas escreviam sobre eles.

Há, no entanto, uma surpreendente exceção para a lenta transição do rolo ao códice. As descobertas no Egito demonstraram, inequivocamente, que desde o início os cristãos usaram apenas o códice para suas cópias da Bíblia, e claramente preferiam usá-lo para seus outros escritos religiosos. As primeiras cópias preservadas da Bíblia datam do século II d.C. ou do começo do século III d.C.; há onze que pertencem a esse período (seis contendo partes da Septuaginta, a tradução grega do Velho Testamento que é tradicionalmente datada de mais ou menos 270 a.C., e cinco contendo partes do Novo Testamento), e todas as onze são um códice. Isso representa um admirável contraste com os exemplos da literatura pagã, científica e outras obras semelhantes do mesmo período: de um total de mais de 1.200, apenas trinta são códices – menos de 3%. Se formos mais para frente no tempo para incluir Bíblias que datam de depois do começo do século V d.C., o número muda de onze para, aproximadamente, cento e setenta; entre elas há umas poucas em rolos, 14 para ser preciso, mas 13 entre as 14 podem ser explicadas por fatores especiais, deixando uma única circunstância excepcional de um rolo contendo Escritura Cristã.

Essa preferência do códice pelos cristãos pode muito bem ter se originado no lugar onde o próprio códice parece ter surgido: em Roma. Por volta da segunda metade do século I d.C., época em que os evangelhos estavam sendo colocados em forma escrita, uma importante comunidade cristã havia sido construída na cidade. Isso também aconteceu quando, como mostram os poemas de Marcial, o livro em forma de códice apareceu ali. O clero local, para quem as Escrituras serviam quase como um manual, pode tê-lo escolhido por sua grande conveniência sobre o rolo para tal propósito. E ele, indubitavelmente, tinha a vantagem de ser livre das associações que o rolo poderia provocar – o rolo de pergaminho com os escritos judaicos, o rolo de papiro com os escritos pagãos. Em qualquer caso, onde quer que a escolha tenha sido feita originalmente – em Roma ou em outro lugar –, à medida que o cristianismo se expandiu o mesmo aconteceu com o uso do códice, e a partir do reinado de Constantino em diante, quando o cristianismo era mais ou menos a religião estabelecida, os códices passaram a ser vistos em todas as igrejas e escolas do império. Isso certamente acelerou a substituição total do rolo.

Fomos capazes de acompanhar a mudança do rolo para o códice por meio das descobertas no Egito. As mesmas descobertas lançaram a única luz que temos sobre o destino do códice de papiro diante do pergaminho. Teoricamente, no Egito, a única terra abençoada com suprimentos de papiro, o códice de papiro devia ter reinado absoluto. Mas esse não foi o caso: o códice de pergaminho apareceu ali ao mesmo tempo que o códice de papiro, no século II d.C. Embora os onze códices da Bíblia que discutimos datando desse século fossem de papiro, há cerca de dezoito que são de pergaminho. Além do mais, uma informação esclarecedora aparece em uma carta, mais ou menos dessa época, que foi recuperada em uma vila egípcia. Nela, um filho diz ao pai que:

> Deios veio a nós e nos mostrou os seis códices de pergaminho. Nós não escolhemos nenhum mas comparamos outros oito pelos quais dei 100 dracmas por conta.

Deios, aparentemente um vendedor de livros itinerante, estava vendendo um estoque de não menos que catorze códices de pergaminho, e estes eram de interesse para um morador de uma vila egípcia. O códice de pergaminho havia viajado muito – e rapidamente – da Roma de Marcial.

No século III d.C., quando o uso do códice se tornou muito difundido, o códice de pergaminho se manteve. O número total de códices sobreviventes que datam desse século é de mais de 100, e pelo menos 17 deles são de pergaminho – por volta de 16%. No século IV d.C., a porcentagem sobe para mais ou menos 35% – de cerca de 160 códices, mais ou menos 50 são de pergaminho – e permanecem aproximadamente nesse nível no século V d.C. Em resumo, mesmo no Egito, a fonte de papiro do mundo antigo, o códice de pergaminho comandava uma parcela significativa do mercado.

Não há tais estatísticas disponíveis para o mundo greco-romano fora do Egito porque muitos poucos códices dos séculos relevantes sobreviveram ali. Conseguimos alguma ajuda, no entanto, a partir de observações em vários escritores do século IV d.C.: elas indicam que naquele local o códice de papiro estava cedendo espaço ao códice de pergaminho. Jerônimo, em uma carta de cerca de 385 d.C., menciona a biblioteca que Pânfilo havia reunido para a igreja de Cesareia, onde foi padre no final do século III d.C. e começo do século IV, e acrescenta que a biblioteca "estava parcialmente em ruína, e Acácio e Euzoius, padres daquela igreja, empreenderam a tarefa de renová-la em pergaminhos" – em outras palavras, eles transferiram textos de códices de papiro que haviam sofrido sérios danos ao longo dos anos para códices de pergaminho, que seriam mais duráveis. O imperador Constantino, por volta de 325 d.C., informa ao erudito eclesiástico Eusébio que ele estava emitindo ordens de que deveriam ser escritas, para uso do clero, "cinquenta cópias, portáteis e fáceis de ler, em pergaminho bem preparado... das Divinas Escrituras". Sua escolha por códices de pergaminho em vez de papiro foi, sem dúvida, determinada não apenas por sua maior capacidade de suportar o desgaste – desgaste que, neste caso, incluía o transporte –, mas também pelo fato de que, quando feitos de pergaminho de alta qualidade, o que era o caso aqui, podiam ser montados com páginas suficientes para conter a Bíblia inteira. O maior códice de papiro da Bíblia que sobreviveu, por exemplo, não contém nem mesmo o Novo Testamento inteiro, somente os Evangelhos e os Atos. O famoso Códice Sinaítico, escrito em fino pergaminho, continha o Velho Testamento, o Novo Testamento e alguns livros apócrifos que podiam ser úteis. Uma carta de São Basílio datando de 374-375 d.C. revela que, para edições de qualidade, o pergaminho era obrigatório. Ela é endereçada a Anfilóquio, Bispo de Icônio, e nela explica Basílio que estava planejando enviar uma cópia do seu *Sobre o Espírito Santo,* "mas o confrade que estava comigo me impediu de enviá-la escrita em papiro, dizendo que tinham ordens suas para escrevê-lo em pergaminho".

Esses comentários vieram de escritores cristãos, mas o prestígio que o pergaminho alcançava não se limitava aos seus círculos. Um poeta latino de mais ou menos 400 d.C., em um conjunto de versos que compôs para acompanhar uma cópia de apresentação de suas obras, orgulhosamente proclama que "esses poemas são merecedores de páginas de pergaminho" e se desculpa pelo fato de que, porque mora fora, na zona rural, onde os materiais de escrita são difíceis de serem encontrados, precisou enviá-los "inscritos no tecido juncoso do papiro do Nilo".

Os mais antigos códices que sobreviveram fora do Egito são dos séculos IV e V, e não são muitos – vários da Bíblia, vários de Virgílio, um de Homero e uns poucos outros –, mas todos são em pergaminho. Todos, por acaso, são edições elegantes escritas em letra caligráfica manuscrita em folhas muito finas de pergaminho. Para cópias de luxo como essas, parece que o papiro estava fora de questão.

Em pelo menos uma área – a lei romana –, o códice de pergaminho serviu tanto para as edições baratas quanto para as edições elegantes. Os títulos das célebres compilações, o Códice Teodosiano, promulgado em 438, e o códice Justiniano, promulgado em 529, indicam que os imperadores os inscreveram em códices de pergaminho, uma vez que ele oferecia tanto grande durabilidade quanto grande capacidade, e sem dúvida de pergaminho de alta qualidade, uma vez que os livros estavam sendo feitos sob os auspícios imperiais. Na outra ponta da escala, observações mencionadas por Libânio, um intelectual do século IV cujas atividades de todos os tipos incluíam o ensino das leis, mostram que os livros de estudo dos seus alunos também eram códices de pergaminho. Havia boas razões para isso: o pergaminho podia aguentar o duro tratamento que esses livros sofriam e o formato de códice permitia a rápida e fácil checagem dos textos dos estatutos, decisões judiciais e assim por diante. O pergaminho que chegou para a confecção deles deve ter sido o de mais baixo grau, peles tão espessas que os livros acabavam pesados o suficiente para fazer um estudante arrastá-los vergando os joelhos. O peso também fornecia uma vantagem extracurricular: nas brigas de estudantes, os livros podiam ser usados no lugar de pedras para serem arremessados nos oponentes.

8.4 Detalhe de um mosaico no Mausoléu de Gala Placídia em Ravena, século V d.C., mostrando uma estante de livros com portas abertas e códices dos Evangelhos repousando nas prateleiras.

Plínio o Jovem narra em uma das suas cartas como seu tio, Plínio o Velho, autor de uma maciça enciclopédia, bem como de várias outras obras longas, era capaz de escrever tanto e ainda desenvolver uma carreira como oficial romano em tempo integral: ele explorava cada momento de folga. Um típico exemplo era sua atitude em relação à caminhada: a pessoa não anda; a pessoa vai de liteira porque dessa forma pode utilizar o tempo do caminho para o estudo. Seu método de conduzir a pesquisa, explica seu sobrinho, era "ter um livro lido em voz alta enquanto escrevia notas e extratos". Plínio viveu no século I a.C., quando os livros eram em forma de rolo; por usar um leitor, economizava o tempo que isso levaria, pois sempre que se deparava com algo que demandava uma nota, precisava pousar o rolo com o qual estava trabalhando, pegar as tabuletas e a caneta para, depois de escrever sua nota, colocá-la de lado e pegar o rolo novamente. Três séculos depois, quando Jerônimo estava fazendo sua tradução da Bíblia para o latim, ele deixou um códice aberto na passagem na qual estava trabalhando e manteve uma mão livre para escrever sua interpretação. A substituição do rolo pelo códice, em uma palavra, teve um profundo efeito na facilidade e velocidade da pesquisa, comparada talvez àquela da introdução da copiadora Xerox nos nossos dias.

O códice tinha um efeito igualmente profundo nas operações das bibliotecas. Antes da sua chegada, as prateleiras das bibliotecas eram preenchidas com rolos de papiro empilhados uns em cima dos outros. Extrair determinado rolo ou conjunto de rolos envolvia mover todos os que o rodeavam, um procedimento que tinha de ser feito com cuidado para evitar causar danos. Os códices, por outro lado, eram mantidos planos nas prateleiras, em pilhas ordenadas, e suas folhas eram protegidas por capas; qualquer título desejado era extraído de maneira fácil e rápida. Quando um leitor nos dias de Plínio solicitava, digamos, as obras de Virgílio, o pajem precisava tirar um lote de rolos e colocá-lo dentro de um balde de couro para poder transportá-lo, e o leitor tinha de vasculhar o balde cheio para encontrar um rolo específico com o qual ele queria começar sua pesquisa. Na época de Jerônimo, o pajem teria retirado da prateleira e levado para o leitor um único códice. Quando nos referimos à consulta de catálogos de bibliotecas, a chegada do códice deve ter provocado uma verdadeira transformação. Antes deles, um catálogo consistia em uma coleção de rolos, e a busca por um título envolvia encontrar o rolo que continha a categoria apropriada, desenrolar aquele rolo até se atingir a categoria, e então, lentamente, continuar a desenrolá-lo até o título aparecer. Uma vez que os catálogos passaram para a forma de códice, os usuários simplesmente viravam as páginas para localizar a categoria e o título.

A biblioteca de Trajano em Roma, a de Adriano em Atenas, a de Celso em Éfeso e todas as bibliotecas públicas em todo o império precisaram encontrar, durante os últimos séculos de sua existência, maneiras de integrar novas aquisições na forma de códice com os rolos ainda em suas prateleiras. As bibliotecas que passaram a existir depois não tiveram esse problema: serviam a instituições cujo material de leitura tinha sido em forma de códice desde o início – igrejas cristãs, escolas, monastérios. Vamos passar para essas bibliotecas.

9 | Em direção à Idade Média

Por volta do começo do século V d.C., o Império Romano passou por duas mudanças fundamentais, uma política e outra espiritual. Ele havia se dividido em duas metades, cada uma governada por seu próprio imperador: uma no ocidente, com sua capital em Ravena ou Milão, e uma no oriente, com sua capital em Constantinopla. Em ambas, o cristianismo havia surgido como a religião dominante.

A ascensão e triunfo do cristianismo teve um profundo efeito sobre a literatura: elevou a religião a uma preocupação permanente. Com certeza ainda havia escritores, tanto em latim quanto em grego, que lidavam com assuntos laicos, mas eram poucos comparados com os grandes autores cristãos – Basílio ou Eusébio em grego, Agostinho ou Jerônimo em latim. Havia uma efusão de estudos dos textos da Bíblia, comentários sobre passagens e interpretações delas, discussões sobre a natureza do divino, dissertações críticas contra visões consideradas heréticas e assim por diante. Tal literatura estava fora de lugar nas prateleiras das bibliotecas existentes; requeria suas próprias bibliotecas. Estas surgiram como parte das igrejas cristãs, monastérios e afins, espalhando-se por toda parte durante a Idade Média. Já estavam no caminho de se tornarem as bibliotecas de hoje.

Nas duas metades do império, a oriental – o Império de Bizâncio, como passou a ser chamado – se saiu muito melhor do que o império ocidental.

O império do ocidente não permaneceu coeso por muito tempo. Nos séculos V e VI d.C., as invasões dos godos, vândalos e outros tiveram sucesso em colocar a Espanha, a Gália e grandes partes da Itália sob o governo de reis bárbaros. A Itália havia abrigado bibliotecas municipais em toda a península nos prósperos dias do Império Romano. Isso desapareceu na medida em que cidades após cidades foram caindo sob o governo dos ostrogodos no século VI d.C. Depois de Justiniano, poderoso chefe do império oriental desde 527 até 565 d.C. eleito para expulsar os invasores – e os exércitos que enviou lutaram por duas décadas para fazer isso – muito do centro da Itália tornou-se palco de uma guerra destrutiva, e a própria Roma foi cercada e saqueada. Nos dias de Augusto e Trajano, quando a cidade abrigava esplêndidas bibliotecas públicas, sua população era de mais de um milhão de habitantes: durante esses anos sangrentos, esse número caiu para menos de trinta mil. Encolhida e devastada, Roma não tinha nem fundos para sustentar bibliotecas nem pessoas para usá-las.

O império oriental, poupado das invasões bárbaras, viveu com muito mais tranquilidade e durou muito mais tempo, até 1453, quando os turcos completaram a conquista dele com a captura de Constantinopla. Constantinopla havia sido fundada por Constantino o Grande em 324 d.C.; em 330, ele a escolheu para ser a capital imperial em vez de Roma, e depois que o império se dividiu, ela continuou como capital para a metade oriental. Nela ficava o palácio do imperador e a residência de um dos quatro patriarcas que chefiaram o mundo cristão do oriente (os outros estavam em Antioquia, Jerusalém e Alexandria). Gradualmente, Constantinopla, acrescentou lustro cultural à sua estatura política. Em 425 d.C., o imperador Teodósio II estabeleceu trinta e uma cadeiras professorais, a maioria em retórica e língua grega e latina, além de várias em leis, criando, desse modo, o equivalente a uma universidade. Então, durante o reinado de Justiniano, a construção de Santa Sofia deu à cidade uma obra arquitetônica de primeira qualidade, enquanto a compilação do Códice Justiniano, o magistral sumário da lei romana comissionado pelo imperador, deu-lhe distinção como um centro de estudo legal. Ostentava três importantes bibliotecas. Duas eram basicamente laicas, uma delas na universidade para os professores e alunos, a outra no palácio para uso da família real e do serviço civil. A biblioteca da universidade parece ter continuado a existir ao longo da Idade Média, e a biblioteca do palácio durou até a tomada da cidade pelos turcos em 1453. A terceira era uma coleção teológica na sede do patriarcado. Essas três acabaram sendo as bibliotecas de maior status no império oriental, pois possíveis rivais em outros lugares dentro de suas fronteiras gradualmente deixaram de existir, especialmente depois que a conquista árabe no Oriente Próximo, entre 636 e 642 d.C., colocou a Síria, a Palestina e o Egito sob o governo mulçumano. A celebrada biblioteca no Museu de Alexandria já tinha acabado por volta de 270 d.C., como mencionamos anteriormente (Cap. 3 até o fim). A segunda mais importante biblioteca alexandrina ficava no templo do deus Serápis, o Serapeu, e em 390 d.C. esse edifício foi reduzido a cinzas quando Teófilo, patriarca de Alexandria na época e um homem de violento temperamento, executou cuidadosamente o decreto do Imperador Teodósio II para fechar todos os lugares de culto pagão. A biblioteca, no entanto, pode ter escapado da destruição e ainda ter continuado a existir quando Alexandria capitulou aos árabes em 624 d.C., se acreditarmos numa pitoresca narrativa preservada nas fontes árabes. Segundo ela, um servo grego, amigo do comandante da armada que tomou a cidade, pediu a ele a biblioteca como um presente. O comandante, prudentemente, comentou o fato com o seu suserano, o Califa Omar, e dele ouviu: "Se esses escritos dos gregos concordam com o livro de Deus, eles são úteis e precisam ser preservados; se eles discordam, são perniciosos e precisam ser destruídos". E foram destruídos, tendo sido entregues aos banhos da cidade como combustível. A história diz que os quatro mil livros foram suficientes para alimentar os fornos por seis meses.

Depois de 642, a biblioteca do patriarcado de Constantinopla era, provavelmente, a melhor coleção teológica do império do oriente, uma vez que as cidades onde as outras coleções notáveis estavam localizadas – as cidades onde o cristianismo surgiu e os primeiros padres da Igreja viveram, trabalharam e reuniram os escritos de que precisavam para realizar os seus estudos – estavam agora sob o domínio dos árabes, que, presumivelmente, aplicaram o raciocínio do califa Omar para qualquer uma das bibliotecas com as quais se depararam.

Desde a primeira metade do século III d.C., havia uma coleção em Jerusalém, aparentemente armazenada na Igreja do Santo Sepulcro. Alexandre, bispo de Jerusalém na época, a tinha reunido, e isso atraiu comentários de admiração de Eusébio sobre a abundância de correspondência eclesiástica que ele encontrou ali e que pôde explorar para seus escritos históricos. Desde a segunda metade do século III d.C., havia uma coleção impressionantemente grande, de mais de 30 mil volumes, na igreja de Cesareia, uma criação de Panfilo, um erudito clérigo que dedicou toda a sua vida à formação de uma biblioteca ampla e de qualidade. Panfilo garantiu que ela tivesse seu próprio *scriptorium,* o qual não apenas cuidava das necessidades da biblioteca, como produzia cópias extras da Bíblia para serem emprestadas ou até mesmo doadas. Eusébio, que era íntimo de Panfilo, estava entre seus usuários, como também estava Jerônimo, provavelmente durante seus últimos anos quando viveu em Belém. Os acervos incluíam até mesmo livros raros: Jerônimo menciona uma cópia do suposto original hebreu do Evangelho de Mateus, bem como os manuscritos a partir dos quais Orígenes compôs a *Héxapla,* sua edição do Velho Testamento com seis versões do texto em colunas paralelas.

No ocidente, Roma, apesar de ser a capital religiosa da região, não tinha coleções teológicas de grande importância. Suas muitas igrejas guardavam apenas uns poucos livros necessários para as atividades de rotina, como manuais litúrgicos e cópias das Escrituras que os leitores usavam para consulta. No início, o papado tinha somente um arquivo, criado por Dâmaso I (366-384), que o havia estabelecido na igreja de São Lourenço, construída na mansão de sua família, perto do local atualmente ocupado pela Chancelaria. Algum tempo depois, a biblioteca foi transferida de lá para o Palácio de Latrão, onde ficavam os escritórios papais que, muito provavelmente, compartilhavam seu espaço com o armazenamento de quaisquer livros que o papado adquirisse. No decorrer do tempo, passou a incluir não apenas Bíblias e manuais, mas também uma miscelânea de escritos teológicos cristãos, até mesmo alguns rotulados de heréticos. Em uma parte do Palácio de Latrão, foram encontrados os restos de uma sala com um belo mural, provavelmente do século VII d.C., mostrando

Santo Agostinho sentado diante de um livro aberto e segurando um rolo em uma mão. Com base nessa decoração, tão adequada para uma biblioteca, a sala foi identificada como o lugar onde os arquivos papais e os livros eram guardados.

A coleção papal era, até onde sabemos, estritamente cristã. Havia uma mescla de sentimentos entre os escritores cristãos em relação à literatura pagã. Alguns dos mais influentes, como Agostinho e Jerônimo, estavam mergulhados nas obras de autores gregos e romanos, reconhecendo que eram modelos essenciais para qualquer um com aspirações de ser um escritor, ainda que se sentissem desconfortáveis em relação a elas. Seria apropriado para os cristãos serem expostos às obras de pagãos? Jerônimo narra um sonho preocupante que teve: o juiz divino apareceu para ele e perguntou qual era sua posição religiosa. Quando Jerônimo respondeu "Sou cristão", foi dito a ele "Você mente, você não é cristão, você é um Ciceroniano". Outros homens da igreja não se sentiam apenas apreensivos, mas hostis. O Papa Gregório o Grande (590- a 604 d.C.), por exemplo, era um deles, e muito provavelmente fez com que a literatura pagã fosse mantida fora dos acervos papais.

Entretanto, Roma pode ter sido uma exceção a esse respeito, uma vez que as coleções em outros lugares do ocidente, como na Espanha, por exemplo, incluíam obras de autores pagãos. Na verdade, a única biblioteca cujos conteúdos nós conhecemos com alguns detalhes – aquela do erudito Isidoro, bispo de Sevilha de 600 d.C. a 636 d.C. – tinha uma grande quantidade delas, – apesar de Isidoro considerá-las uma leitura imprópria para seus monges. As informações que temos sobre seus acervos vêm, em primeiro lugar, de uma série de versos que ele compôs para servir como inscrições nas paredes da câmara da biblioteca, alguns acima das portas de entrada e algumas acima das estantes. O verso inicial, que está acima da porta principal, começa com as palavras: "Aqui estão pilhas de livros, tanto sagrados quanto laicos". E apesar de os próprios livros terem desaparecido, podemos dizer, com base em várias indicações, que a afirmação não era exagero. Por um lado, versos que provavelmente estiveram sobre as estantes revelam que, além de existirem estantes para Orígenes, Eusébio, Crisóstomo, Ambrósio, Agostinho, Jerônimo e outros eminentes autores cristãos, havia outras para os juristas romanos Paulo e Caio e para os escritores médicos gregos, Hipócrates e Galeno. Por outro lado, citações de autores e menções de nomes de autores ao longo de suas obras mostram que ele estava familiarizado com o espectro dos grandes escritores gregos e romanos. Isidoro não era um diletante, mas um trabalhador diligente e um leitor sério. O último de sua série de versos, claramente destinado para ficar em uma porta, é intitulado "Para um intruso" e diz:

> Quando um escritor está no trabalho, alguém falando alto não pode ser tolerado. Então Tagarela, não há lugar para você aqui. Vá para fora!

Não sabemos o que aconteceu com os livros de Isidoro; há uma possibilidade de que eles tenham sido dispersados e perdidos. Em todo caso, o que contribuiu para a sobrevivência de obras gregas e romanas e deve ter chegado até a nossa época foram apenas as coleções como as de Isidoro, que serviram às necessidades do erudito abade. Na sua maioria, as coleções que surgiram contribuíram para servir às necessidades de pessoas bem mais humildes – os monges.

A instituição do monasticismo se originou em uma parte remota do império oriental: o deserto do sul do Egito. Em algum momento do primeiro quarto do século IV, um egípcio chamado Pacômio, um inspirado convertido ao Cristianismo, fundou no deserto perto de Dendera, no Alto Egito, a primeira comunidade monástica. Foi um sucesso imediato, e ele rapidamente implantou outras nas redondezas; depois, ainda outras mais, além de alguns conventos, surgiram por todo o Egito. Pacômio compôs um código de comportamento para suas comunidades, e este sobreviveu numa tradução feita por Jerônimo para benefício dos devotos no ocidente de língua latina. Pacômio, revela seu código, requeria que os monges soubessem ler; os candidatos para a administração dos seus monastérios vinham principalmente das vilas das redondezas e, sem dúvida, incluíam um grande número de pessoas iletradas. Uma regra no código estabelece que qualquer um entre os novos membros que seja ignorante das letras, na primeira hora e na terceira e na sexta, deve se dirigir a alguém que possa ensiná-lo e que será designado para ele, e se sentará diante do homem e aprenderá com o máximo zelo... Mesmo se for relutante, será compelido a ler; não poderá haver ninguém no monastério que não conheça as letras.

Ele continua dizendo que o Monastério precisava ter livros, e uma regra a respeito disso mostra o quanto eles eram considerados em alto grau. Havia um nicho especial na parede para armazená-los e o segundo em comando no monastério era encarregado de cuidar deles: devia contá-los e trancá-los no nicho durante a noite.

As comunidades monásticas rapidamente se espalharam por todo o resto do império oriental. Elas tinham bibliotecas, mas até onde podemos dizer com base nas informações disponíveis, que são escassas e tardias, no século IX e depois essas bibliotecas eram geralmente pequenas e limitadas a obras teológicas. Os monastérios de Constantinopla, por exemplo, provavelmente tinham coleções de não mais de uma centena de obras. Temos detalhes sobre apenas uma biblioteca, a do monastério fundado em 1088 na ilha de Patmos. O fundador, Cristódulo, apaixonadamente devotado aos livros, havia construído sua própria e extensa biblioteca e, após a sua morte, ela foi transferida para o monastério como herança. Em 1201, como mostra um inventário dessa data, o número total de livros – a doação original mais o que havia sido acrescentado como presente – equivalia a 330, o que faz dela excepcionalmente grande. Todas, exceto 16, eram obras teológicas.

Todavia, o império oriental foi uma importante fonte de escritos antigos que sobreviveram até os nossos dias, especialmente daqueles em grego. Possivelmente a maioria deriva das propriedades das bibliotecas do palácio e da universidade em Constantinopla, ou de coleções particulares pertencentes aos muitos estudiosos e sábios célebres que floresceram no Império Bizantino. Os monastérios do leste desempenharam um papel menor na história da biblioteca.

O papel mais importante foi desempenhado pelos monastérios situados ao oeste.

Desde o início do monasticismo, Pacômio determinou que os monges deviam ser capazes de ler. Que eles deviam ser formados para usar essa habilidade, ser chamados a ler regularmente as Escrituras ou obras semelhantes, foi estabelecido por Benedito no conjunto de regras que elaborou para Monte Cassino, o famoso monastério que ele fundou, em 529, em uma montanha elevada no meio do caminho entre Roma e Nápoles. Benedito estipulou que, no período que vai da Quaresma até outubro, mais de meio ano, os monges deveriam ser deixados livres entre a quarta e a sexta horas, de modo que pudessem dedicá-las à leitura; de outubro até a Quaresma, a partir da segunda hora eles deveriam ser deixados livres para ler. No início da Quaresma, cada monge recebia um livro da biblioteca (*bibliotheca*), que ele devia ler direto até o final da Quaresma; aos domingos, todos, exceto aqueles a quem haviam sido atribuídas tarefas, deveriam passar o dia lendo.

O fornecimento de livros do monastério, a *bibliotheca* a partir do qual a distribuição da Quaresma era feita, tinha que ser grande o suficiente para abrigar um livro para cada monge, mas ela provavelmente não era muito maior que isso. Era, além disso, quase certamente limitada a Bíblias e outras obras religiosas. De onde veio esse suprimento? Não há indicação da existência de um *scriptorium*, a característica que será tão importante nos monastérios dos séculos posteriores. Muito provavelmente alguns livros eram presentes – o que gera a questão: onde os benfeitores os conseguiam? Presume-se que vendedores de livros, como a maioria das pessoas que buscavam livros faziam nos tempos pré-cristãos; e os livreiros podem muito bem ter estado onde a *bibliotheca* de Benedito conseguiu o desiderato que não havia sido recebido como presente. Mas o crescimento do cristianismo não tirou os vendedores de livros do negócio; ele simplesmente acrescentou obras religiosas às que os livreiros ofereciam para a venda. Podemos perceber o quão vivo era o comércio de livros por uma anedota contada por Sulpício Severo, um aristocrata romano que se converteu ao cristianismo e, mais ou menos no ano de 400 d.C., escreveu uma biografia de seu contemporâneo, São Martinho de Tours. Severo relata que, quando uma cópia de sua obra chegava em Roma, "uma vez que todos na cidade estavam competindo para pôr as mãos nela, vi os livreiros exultando porque isso era a maior fonte de ganho que eles tinham, nada era vendido tão rápido, nada era vendido por um preço melhor". Dois séculos mais tarde, Roma ainda era o centro do comércio: em 596, o Papa Gregório estabeleceu uma missão na Inglaterra, e os livros com os quais estava equipada vieram de Roma. Os livros eram necessariamente supridos por comerciantes, uma vez que nenhuma instituição religiosa na cidade possuía um *scriptorium* na época. Havia outros bons lugares para comprar livros além de Roma; não muito depois de Benedito ter fundado Monte Cassino, Cassiodoro fundou um monastério onde uma grande ênfase era dada ao aprendizado e à literatura, e ele adquiriu a maior parte do que precisava para sua biblioteca no norte da África.

Cassiodoro é personagem-chave da história da biblioteca. O monastério que ele criou era incomum – como podemos esperar de um homem incomum, que foi político, estadista, intelectual e autor antes de decidir dedicar sua vida à religião. Ele veio de uma família importante. Seu pai ocupava um alto posto no governo da Itália, e Cassiodoro seguiu seus passos. Até chegar à meia-idade, estava no serviço do governo e atingiu os mais altos níveis. Então, em algum momento por volta de 540 ou 550, abandonou a vida pública e, no estado de seus ancestrais, perto de Squillace, no sul da Itália, começou a desenvolver a sua ideia de um monastério modelo. Ele o chamou de Vivarium por causa das lagoas para criação de peixes (*vivaria*) que havia nas redondezas. Durante sua carreira como oficial e estadista, encontrou tempo para ir atrás de interesses intelectuais que envolviam todos os aspectos do conhecimento; procurou imediatamente instituir uma vida monástica que englobava a amplitude do conhecimento juntamente com a religião. Compôs um livro para benefício de seus monges, o *Institutiones*, no qual se estende sobre a literatura sagrada e a secular e se preocupa com a arte do copista de manuscritos, enfatizando como é grande sua importância e exigente a sua tarefa. Os primeiros monastérios empregaram alguns de seus monges como escribas, mas não somente para tomar conta das tarefas administrativas de rotina; ser escriba era considerado uma atividade modesta, designada aos membros mais jovens ou àqueles incapazes de realizar atividades mais complexas. Para Cassiodoro, ao contrário, ela contava como uma das atividades mais prestigiadas possíveis: aos seus olhos, o monge que era treinado como um escriba para a cópia de manuscritos da Sagrada Escritura "com sua mão prega aos homens, com seus dedos afrouxa suas línguas, sem falar que dá a salvação aos mortais, com pena e tinta luta contra as ilícitas tentações do demônio". Cassiodoro não limitava seu entusiasmo pela cópia às obras teológicas: ele também fazia seus monges copiarem literatura secular. Era um defensor obstinado da acurácia, mesmo tendo escrito um tratado, *De Orthographia*, no qual apresenta as regras da ortografia de modo que os copistas pudessem evitar cometer certos erros comuns.

Cassiodoro garantiu que o Vivarium tivesse uma biblioteca que tornasse acessível o amplo conhecimento que pretendia que seus monges adquirissem. Ele começou a formá-la doando seus próprios livros e preencheu as lacunas por meio de aquisições; o *scriptorium* era capaz de produzir tantas cópias quantas fossem necessárias. A coleção incluía, além da completa representação dos escritos cristãos, quase todos os autores latinos pagãos mais importantes, e os gregos Homero, Aristóteles, Platão, Hipócrates, Galeno e outros.

Cassiodoro era o espírito guia do Vivarium. Morreu em alguma época entre 575 e 585, aos 90 anos, e logo depois de sua saída de cena, o monastério deixou de existir. Aquilo em que ele acreditava, que a cópia de manuscritos era uma atividade elevada para os monges desenvolverem e que a biblioteca do monastério devia ter variedade e profundidade, foi mantido vivo por suas *Institutiones*, que se disseminaram, sendo possuídas tanto por indivíduos quanto por monastérios. No início, as bibliotecas dos monastérios, cuja razão original de existência era suprir os monges com material de leitura para benefício espiritual, eram apenas bibliotecas de empréstimo interno abastecidas com uma seleção limitada de obras. Mas sob a influência do *Institutiones,* elas mudaram gradualmente até se tornarem bibliotecas de pesquisa. Criaram o *scriptoria* e recorreram ao empréstimo entre bibliotecas para expandir seu acervo, pedindo emprestados os títulos que cobiçavam dos monastérios que os possuíam e fazendo com que o *scriptorium* produzisse cópias dos mesmos.

Em 612, menos da metade do século depois da morte de Cassiodoro, São Columbano fundou um monastério em Bobbio, perto de Pavia, que incluía um *scriptorium* e uma biblioteca, ambos os quais cresceram rapidamente até se tornarem partes importantes da instituição. O mesmo ocorreu em outras partes, à medida que o tempo passou, em São Galo, na Suíça, Fulda, na Alemanha e em um bom número de outros locais. Devemos aos acervos acumulados em tais monastérios a maior parte do que sobreviveu dos escritos de latim e grego do mundo antigo, particularmente em latim. Dos monastérios, os manuscritos passaram por vários caminhos – cópia, presente, venda, roubo, pilhagem – para formar o âmago de importantes bibliotecas do final da Idade Média e do Renascimento. Essas bibliotecas, fossem elas fundadas por eruditos que se dedicavam à leitura de livros, tal como Petrarca, ou por nobres que se esmeravam em colecioná-los, tal como a família Médici, marcaram a abertura de uma nova era da história da biblioteca.

Abreviações

AJA:	*American Journal of Archeology*
AJPh:	*American Journal of Philology*
Blanchard:	A. Blanchard, ed., *Les débuts du codex* (Thurnhout, 1989)
Blum:	R. Blum, Kallimachos: *The Alexandrian Library and the Beginnings of Bibliography*, trans. H. Wellich (Madison, 1991)
BCH:	*Bulletin de Correspondence Hellénique*
CAH:	*Cambridge Ancient History*
Callmer:	C. Callmer, "Antiken Bibliotheken". *Skrfter utgivna av Svenska Institutet I Rom* 10 (Opucula Archaeologica 3, Lund 1444)145-193
CIL:	*Corpus Inscriptionum Latinarum*
Fehrle:	R. Fehrle, *Das Bibliothekswesen im alten Rom* (Wiesbaden, 1986)
Fraser:	P. Fraser, *Ptolemaic Alexandria* (Oxford, 1972)
GRBS:	*Greek, Roman, and Byzantine Studies*
Harris:	W. Harris, *Ancient Literacy* (Cambridge, 1989)
IG:	*Inscriptiones Graecae*
ILS:	H. Dessau, *Inscriotiones Latinae Selectae* (Berlin, 1982-1916)
JHS:	*Journal of Hellenic Studies*
Leclerq:	"Bibliothèques" Em F. Cabrol and H. Leclercq, *Dictionnaire d'archéologie chrétienne et de liturgie* ii (Paris, 1925) 842-904
Lewis:	N. Lewis, *Papyrus in Classical Antiquity* (Oxford, 1974)
LSJ:	H. Liddell, R. Scott, H. Jones, *A Greek-English Lexicon*
MDAI (A) (R)	*Mittelungen des keserlich deutschen archäologischen Instituts (Athenische Abteilung) (Römische Abteiling)*
Nash:	E. Nash, *Pictorial Dictionary of Ancient Rome* (New York, 1968²)

OCD:	*Oxford Classical Dictionary*
Oppenheim	L. Oppenheim, *Ancient Mesopotamia* (Chicago, 1977²)
Packer:	J. Packer, *The Forum of Trajan in Rome* (Berkeley, 1997)
Parpola:	S. Parpola, "Assyrian Library Records", *Journal of the Near Eastern Studies* 42 (1983) 1-29
Pfeiffer:	R. Pfeiffer, *History of Classical Scholarship* (Oxford, 1968)
Pflaum:	H. Pflaum, *Les carrières procuratoriennes équestres sous le haut-empire romain* (Paris, 1960-1961)
Platthy:	J. Platthy, *Sources of the Earlist Greek Libraries* (Amsterdam, 1968)
Pliny, N.H.:	Pliny the Elder. *Historia Naturalis*
RE:	*Paulys Real-Encyclopädie der classischen Altertummswissenschaft*
REG:	*Revue des études grecques*
Roberts-Skeat	C. Roberts and T. Skeat, *The Birth of the Codex* (London, 1983)
Strocka:	V. Strocka, "Römische Bibliotheken", *Gymnasium* 88 (1981) 298-329
Syll:	W. Dittenberger, *Sylloge Inscriptionum Graecarum* (Leipzig, 1917³)
TAPA:	*Transaction of the American Philological Association*
Thompson:	J. Thompson, *The Medieval Library* (Chicago, 1939)
Turner:	E. Turner, *Greek Papyri: An Introduction* (Oxford, 1980)
Van Haelst:	J. van Haelst, "Les origins du codex", em Blanchard 13035
Veenhof:	K. Veenhof, ed., *Cunneiform Archives and Libraries*. Papéis lidos no 30ᵉ rencontre Assyriologique Internationale, Leiden, 4-8 Julho 1983 (Istambul, 1986)
Weaver:	P. Weaver, *Familia Caesaris* (Cambridge, 1972)
Weitemeyer:	M. Weitemeyer, "Archive and Library Technique in Ancient Mesopotamia", *Libri 6* (1956) 217-238
Wilson:	N. Wilson, "The Libraries of the Byzanthine World", *GRBS 8* (1967) 53-80

Notas

Um número sobrescrito na sequência de um título ou ano de publicação indica a edição.

Capítulo 1. O começo: *O antigo Oriente Próximo*

Pág.

11-15 Escrita: *CAH*[3]i.2,90,93-96; Weitemeyer 219. Tabuletas de argila: Veenhof em Veenhof 1-2; Oppenheim 228-229, 239-240. Uso acadiano do cuneiforme: *CAH*[3]i.2,450-451. Arquivos e materiais não arquivísticos: Veenhof em Veenhof 4-11. Listas antigas das proximidades de Nippur: R. Biggs em *Journal of Cuneiform Studies* 20.2 (1966) 73-88. Ebla: P. Matthiae em Veenhof 53-71, esp. 64; A. Archi em Veenhof 72-86, esp. 77-83. Catálogo de Nippur: Weitemeyer 231-232.

15-18 Hattusas: H. Otten em *Das Altertum* 1 (1955) 71-81. Colofões: Oppenheim 240-241; Weitemeyer 226-227. Colofões em Hattusas: Otten 76-77. Catálogo de Hattusas Otten 74-76; E. Laroche em *Archiv Orientální* 17.2 (1949) 7-23, esp. 15-20. Entrada de catálogo, o mesmo que um colofão: Laroche 17 (N. xxviii, linhas 19-24). Entrada incongruente: Otten 75-76. Propriedades do palácio: O. Gurney, *The Hittites* (Penguin 1952) 143-161.

19-20 Mais de uma centena de títulos: com base no número de textos listados em Laroche (op. cit., abaixo **15-18** acima) 14-22. Treinamento de escribas: Oppenheim 14. Bibliotecas particulares: 243; Veenhof em Veenhof 5. Ausência de comércio de livros: Cf. Parpola 10. Biblioteca de Tiglath-Pileser: E. Weidner em *Archiv für Orientforshung* 16 (1952-1953) 197-211. Catálogo de hinos: S. Langdon em *Journal of Royal Asiatic Society* (1921) 169-191, esp. 170-171 ("5 Sumerian psalms"), 173 ("Song to the reed flute", "Three recitations").

20-23 "Tem todo o direito": Oppenheim 15. "o mais alto nível", "entre os reis": M. Streck, *Assurbanipal und die letzen assyrischen Könige bis zum Untergange Ninivej's* ii, *Texte* (Leipzig 1916) 356-357. N. c, linhas 4-6; cf. S. Lieberman em T. Abusch et al., eds., *Lingering over Words: Studies in Ancient Near Eastern Literature in Honor of William L. Moran* (Atlanta 1990) 319. Achados em Nínive: J. Reade em Veenhof 213-222. Colofões de Assurbanípal: Weitemeyer 228. Composição da biblioteca de Assurbanípal: Oppenheim 17-17; C. Walker em F. Fales e B. Hickey, eds., *Austen Henry Layard tra l'Oriente e Venezia* (Rome 1987) 188. Numerosas cópias de 1.500 títulos: Oppenheim 17-18. Tabuletas da Babilônia, da coleção de Tiglath-Pileser Widner (op. cit. abaixo **19-20** acima) 198, 204. Registro de aquisição: Parpola 1-29. "2 lamentações": 14. "1 tabuleta com uma coluna": 18. Rotatividade de repositórios descartáveis: 8-9. Tamanho da aquisição: 4. Uso de pranchas de madeira: 8.

23-25 Colofão com ameaça: Streak (op. cit. abaixo **20-23** acima) 358-359. N. E. Ameaças similares: nos. b, c, f. "Quem quer que abra": R. Thompson, *The Reports of the Magicians and Asthrologers of Niniveh and Babylon in the British Museum* (London 1900) vol. 2, p. lix, N. 152. Males nas bibliotecas de coleções particulares: G. Offner em *Revue d'assyriologie et d'archéologia orientale* 44 (1950) 135-143. Empréstimo: Offner 142. Não deixar o local: 140. Cuidados simples: 142. Não esfregar o texto: 138. A ira de todos os deuses: Offner 137; Weitemeyer 230. Levar embora por roubo, fraude: Offner 139-140. Levá-lo embora: 140. "Ele que a levar embora,": 136. "Ele que a subtrair por furto": 137. Tabuleta no templo: 141.

25-27 "Uma biblioteca de referência orientada": Oppenheim 20. Adequação para uma necessidade específica: Lieberman (op. cit. abaixo **20-23** acima) 316-321, 327-329. O Épico da Criação e o Ano Novo: Oppenheim 178. O Épico de Irra e a peste: 235. O mito de Atrahasis e o parto: E. Reiner e H. Güterbock em *Journal of Cuneiform Studies* 21 (1967) 257. Bibliotecas egípcias: F. Mikau em *Handbuch der Bibliothekswissenschaft* 3.1 (Wiesbaden 1955) 6-16. "Ozymandias" – Diodoro 1.49.3.

Capítulo 2. O começo: *Grécia*

28-29 Escrita micênica: *CAH*[3] ii.1, 599-560. Alfabeto grego: *CAH*[3] iii.1, 819-833.

30-32 Alfabetização generalizada: F. Harvey em *REG* 79 (1966) 585-635, L. Woodbury em *TAPA* 106 (1976) 349-357, A. Burns em *Journal of the History of Ideas* 42 (1981) 371-387, S. Stoddard and J. Whitley em *Antiquity* 62 (1988) 761-772. Alfabetização limitada: Harris 91-115, esp. 114-115; R. Thomas, *Oral Tradition and Written Records em Classical Athens* (Cambridge 1989) 15-34, que enfatiza a importância da comunicação oral.' *Theseus* de Eurípedes: Athenaeus 10.454b-c. *Odisseia* comprometida com a escrita cerca de 550 a.C.: G. Nagy em *TAPA* 122 (1992)52. Pinturas em vasos gregos: J. Beazley em *AJA* 52 (1948) 336-340. Safo: Beazley 339. Escolas: Harris 96-102. Em Quios: Heródoto 6.27.2; em Astipaleia: Pausânias 6.9.6-7; em Micalessos: Tucídides 7.29.5. Lápide de Atenas: G. Richter em *MDAI (A)* 71 (1956) 141-144. Alfabetização de mulheres: S. Cole em H. Foley, ed., *Reflections of Women in Antiquity* (New York 1981) 219-245, esp. 223-227; Harris 106-108. Heráclito, Hecateu: E. Turner, *Athenian Books in the Fifth and Fourth Centuries B.C.* (London 1952) 17-18.

32-36 Heródoto escreve aos leitores: cf. S. Flory em *AJPh* 101 (1980) 14. "espremia para fora dos livros": *Frogs* 493. "mesmo se o homem": 1407-1409. "Quando eles conhecem": Platão, *Protágoras* 325e. Manuais: Cf. Turner (op. cit. sob **30-32** acima) 18. Sófocles: Suda s.v. "Sophocles". Agatarcos: Vitrúvio 7, praef. 11. Policlito: Cf. *OCD*[3] s.v. "Polyclitus". Ictinos: Vitrúvio 7, praef. 12 Menaecus: Platão, *Gorgias* 518b. Ostracismo: *OCD*[3] s.v. "ostracism". Uso de peles por povos do Oriente Próximo e gregos nas proximidades: Lewis 8-9.

36-37 Habitat do papiro: Lewis 3-20. Primeiros papéis de papiro e exportação: 84. Manufatura: 34-69; *OCD*[3] 250. Número de folhas para um rolo; comprimento de um rolo: N. Lewis, *Papyrus in Classical Antiquity: A Supplement* (Papyrologica Bruxellensia 23, Brussels 1989) 26. Canetas de junco: Turner 10.

38-40 Vendedores de livros: Ver *LSJ* s.v. βιβλιοπωλης, onde são feitas citações de escritores dos séculos IV e V. "onde há livros para vender": Éupolis, citado por Pólux (9,47); cf. Lewis 74. "uma possessão": Tucídides 1.22.4. Ausência de direitos autorais: Cf. B. Van Groningen em *Mnemosyne* 16 (1963) 1-17, esp. 7. Obras de Anaxágoras: Platão, *Apologia* 26d, e cf. Lewis 74. Wages: H Michell, *The Economics of Ancient Greece* (New York 1957[2]) 131. Zeno: Diógenes Laércio 7.31. Discípulo de Platão (Hermodoro): Zenóbio 5.6 e cf. Van Groningen 10-11. Aristófanes zomba: Aristófanes muito provavelmente tinha uma biblioteca dele próprio, que incluía a maior parte das obras de Eurípides; ver N. Lowe em *Annals of Scholarship* 10 (1993)73-74. Biblioteca do pretenso sábio (Eutidemo): Xenofonte, *Memorabilia* 4.2.1, 10. Linus: Athenaeus 4.164c.

41-42 Biblioteca de Aristóteles: Estrabão 13.609. A coleção de Aristóteles e a Biblioteca de Alexandria: Athenaeus (1.3a) afirma que a coleção de Aristóteles foi adquirida por Ptolemeu II e trazida para Alexandria, mas Estrabão, cuja narrativa sobre o que aconteceu a ela é mais confiável, não faz menção a isso. Demétrio de Faleros: Algumas fontes não muito confiáveis afirmam que ele ajudou Ptolemeu II a reunir a coleção e foi seu primeiro chefe, mas isso contradiz o que se conhece sobre sua vida. Depois de deixar Atenas ele foi para Alexandria e se tornou um colaborador muito próximo do primeiro Ptolemeu.Ver Pfeiffer 103-104, Fraser 314-315, 321-322. Decreto de Licurgo: Plutarco, *Moralia*, 841f.

Capítulo 3. A Biblioteca de Alexandria

43-45   A luta pelo império de Alexandre: W. Tarn e G. Griffith, *Helenistic Civilization* (London 1952³) 5-11. Ptolemeu I, um historiador: Pfeiffer 95-96; "estrada real": Fraser 386. Ptolemeu II, um zoólogo: Fraser iia, 466, n.39. Ptolemeu III, patrono das letras: Pfeiffer 102, Fraser 306-307. Ptolemeu IV, um autor dramático: Fraser 311. Tutores: Zenódoto e Strato instruíram a Ptolemeu II (Pfeiffer 92), Apolônio de Rodes, Ptolemeu III (Fraser 331), Eratóstenes, provavelmente, Ptolemeu IV (Pfeiffer 124).

45-46   Euclides e Strato convidados de Ptolemeu I: Fraser 386-387, 427. Eratóstenes convidado de Ptolemeu III: Pfeiffer 124. Herófilo em Alexandria: Fraser 348. Arquimedes em Alexandria: 309. O Museu: 312-319. "os rabiscadores ratos de biblioteca": Athenaeus 1.22d. Biblioteca: Fraser 321-325.

46-49   Métodos de aquisição: Fraser 325-326. Procedimentos de acesso: 326-327. Inclusão de traduções: 330. Ptolemeu II promove os clássicos: 449. Desordem nos textos de Homero: Pfeiffer, 109-110. Cópias de Quios, Argos, Sinope: Fraser 328. Tamanho dos repositórios: 328-329. Escritório do Diretor 322. Zenódoto primeiro diretor: 330.

49-50   Organização de Zenódoto: Blum 226-230. Glossário de Zenódoto: Pfeiffer 115. Alfabetação: Blum 191-192. Anedota de Aristófanes de Bizâncio: Vitrúvio 7 Praef. 5-7.

51-54 Vida de Calímaco: Blum 126. Catalogador da biblioteca: 230. *Pinakes*: Pfeiffer 128-129, Fraser 452-453."tabela de miscelânea": Blum 154. Esboços biográficos: 152-153. Peças de Ésquilo, Eurípides: 190-191. Lista das obras de Teofrasto: 59-61. Quase tudo: faltavam na biblioteca algumas obras que se extinguiram antes da sua criação (Fraser 329-330). Diretoria de Eratóstenes: Fraser 332. *Beta*: Pfeiffer 170.

54-56 Obras geográficas de Eratóstenes: Fraser 515-538. Diretoria de Aristófanes, Aristarco: 332-333. Suas edições de textos: 459-460, 462-463. Comentários de Aristarco: Pfeiffer 212-213. Sobre Heródoto: 224-225.

56-58 Filetas: Pfeiffer 88-90. Cena da comédia: citada em Athenaeus 9.382c; Pfeiffer 91. Aristófanes *Lexeis*: Pfeiffer 197-202. *melygion* etc.: B. Grenfell e A. Hunt, *The Oxyrhynchus Papyri* XV (London 1922) n. 1802. Dídimo: Pfeiffer 274-278. Dionísio o Trácio: 266-272.

59-60 Biblioteca destruída: Fraser 334-335, Blum 99. Meramente danificada: Tarn e Griffith (op. cit. sob o n. **43-45** acima) 270, D. Delia em *American Historical Review* 97 (1192) 1361-1462. "ser isolado de seus navios": Plutarco, *Caesar* 49. "Muitos lugares" Dião Cássio 42.38.2. Presente de Marco Antônio: Plutarco, *Antony* 58-59. Diretoria para figuras políticas: Fraser, 333-334. Sócios "Honorários" do Museu: N. Lewis, *On Government and Law in Roman Egypt* (Atlanta 1995) 262-266. Balbillus: Pflaum i 34-41. Destruição durante a campanha aureliana: Amiano Marcelino 22.16.15; cf. Delia1463.

Capítulo 4. O crescimento das bibliotecas

61-62 Biblioteca em Antioquia: Pfeiffer 122. Euforion: 150. Filetero: E. Hansen, *The Attalids of Pergamon* (Ithaca, 1972^2) 14-19. Átalo como patrono das artes e colecionador de arte: 3091-306, 316. Eumenes funda biblioteca: Pfeiffer 235, Fraser 465. Livros de Aristóteles: Estrabão 13.608-609 (Aristóteles deixa sua coleção como herança para Teofrasto, seu sucessor como chefe de sua escola; Teofrasto a deixa como herança, juntamente com sua própria biblioteca, para Neleu, um discípulo; Neleu a levou para sua cidade natal, Escépcis, que se situava no território de Pérgamo; de lá ela passou para seus herdeiros, "pessoas comuns" que nunca usaram os livros, mas os mantiveram trancados até que rumores da voracidade do rei por novas aquisições os assustou levando-os a enterrá-la).

62-66 Restos arqueológicos da biblioteca: Callmer 148-153; ver W. Radt, *Pergamon: Geschichite und Bauten einer antiken Metropole* (Darmstadt 1999) 165-168, para uma revisão de sugestões recentes e, na maioria das vezes, não convincentes para o arranjo e localização da biblioteca. *Pinakes* da biblioteca de Pérgamo: Pfeiffer 133-134. Prisão de Aristófanes: Pfeiffer 172, Freiser 461. "por causa da rivalidade": Plínio, *N.H.* 13.70. Uso do couro como material de escrita: Pfeiffer 236. "aos reis de Alexandria": Plínio, *N.H.* 35.10. Ensinamentos de Crates: Fraser 465-466. "caiu em uma abertura": Suetônio, *De Gram. et Rhet.* 2.

66-68 Desejo de educação universal: Cf. Harris 130. "uma lei em que todos os filhos": Diodoro 12.12.4. Inscrição de Teos: *Syll.*[3] 578. 2-13. Inscrição de Mileto: *Syll.*[3] 577.4-5, 50-53. Uma inscrição encontrada em Pérgamo datando dos séculos III ou II a.C. indica que as meninas devem ter sido incluídas no sistema educacional uma vez que são registrados concursos em disciplinas escolares (leitura, caligrafia) nos quais elas participavam; *MDAI (A)* 35 (1910) 436, 37 (1912) 277-278. Doação de Eumenes para Rodes: Políbio 31.31.1. Doação de Átalo para Delfos: *Syll.*[3] 672.4, 7-9, 24. Outros benefícios: Harris 131-132. Isenções dos Ptolemeus: 132. Nível de alfabetização muito mais alto: 141.

69-70 Descobertas de documentos de papiro: Turner, capítulo 2. Burocracia ptolemaica: *CAH* vii². 1, 145-154 (uma discussão que enfatiza suas deficiências). "Se você já": C. Edgar, *Zenon Papiri* iv (Cairo 1931) N. 59588.3-5. Papiro literário helenístico: O. Montevecchi, *La Papirologia* (Turim 1973) 30-363; W. Willis em *GRBS* 9 (1968) 217. Achados literários em vilarejos: Turner 81. Homero, Eurípides: Turner 97. Usados como textos escolares: Montevecchi 396. *Ilíada* ii encontrada com uma múmia: Turner 77. Papiros de Timóteo: 32. Escritos de vários tipos: Ver a lista em Montevecchi 360-363. Manuais técnicos: Harris 127.

70-71 Escrevendo-os por si próprios: para um eventual caso de um funcionário de um vilarejo escrever passagens da poesia grega, ver N. Lewis, *Greeks in Ptolemaic Egypt* (Oxford 1986) 122-123. Homero disponível nas livrarias: Textos de Homero em papiros que datam de antes de 150 a.C. contêm muitas linhas espúrias enquanto que aquelas depois dessa data não contêm. Foi sugerido que a mudança se deve às lojas de cópias e vendedores de livros, que tomaram conhecimento das linhas espúrias por meio dos estudos dos sábios de Alexandria e descobriram que as edições sem aquelas linhas eram preferidas pelos compradores; ver P. Collart na *Revue de Philologie et d'Histoire Ancienne* 59 (1933) 53-54; S. West, *The Ptolemaic Papiri of Homer* (Papyrologica Coloniensia iii, 1967) 17. Fornecendo papel para lojas de cópias: Cf. Turner 95. Fontes para serem usadas como ponto de partida para cópias: L. Canfora, em G. Cavallo, ed., *Le biblioteche nel mondo antico e medievale* (Bari, 1988) 15, sugere para Alexandria a biblioteca no templo de Serápis uma vez que ela teria sido mais fácil de acessar do que a grande biblioteca do Museu. *Constitution of Athens*, de Aristóteles: Turner 96.

71-72 Inscrição de Cós: *BCH* 59 (1935) 421-425. Bibliotecas em todos os lugares: É confirmada a existência de uma biblioteca em Malásia, na Ásia Menor, no século III a.C. (Platthy n. 136). O ginásio: Ver OCD^3 s.v. "gymnasium". Inscrições *Ptolemaion:* Platthy nos. 28-35. *Ilíada* e Eurípides: Platthy n. 33 (= IG ii^2 1041). Duplicatas ou substituições: Cf. M. Tod em *JHS* 77 (1977) 139. Outra inscrição: Platthy n. 90 (= IG ii^2 2363); ver também E. Burzachechi, *Rendiconti della Accademia Nazionale dei Lincei, Classe di Scienze morali, storiche e filologiche* 18 (1963) 93-9. Registro de doações: Sugerida inicialmente por U. Wilamowitz, *Analecta Euripidea* (Berlin 1875) 141, e geralmente aceita; ver Blum 191, Tod 139

73-74   Inscrição de Rhodes: M. Segre, *Rivista di filologia e d'instruzione clássica* 13 (1935) 214-222 = Platthy n. 117; ver também Blum 185-187. Outra inscrição: Segre 219 = Platthy n. 119. Cidades com ginásios: *RE* s.v. "gymnasium" 2005.

Capítulo 5. O começo: *Roma*

75-76   Alfabeto latino: OCD^3 s.v. "alfabetos da Itália". Primeiros escritos latinos: Harris, 151-155. Lívio: OCD^3 s.v. "Lívio Andrônico"; W. Beare, *The Roman Stage* (New York 1965^3) 27-29. Horácio lê Lívio: *Epistulae* 2.1.70-71.

77-78   Plauto: OCD^3 s.v. "Plauto"; G. Duckworth, *The Nature of Roman Comedy* (Princeton 1952) 49-56. Encenação de peças romanas: Beare (op. cit. sob **75-76** acima) 163-166. Cinquenta peças conhecidas: Duckworth 52. Fontes: OCD^3 1195. Reduzido a girar uma mó: Gélio 3.3.14. Gerentes de teatro: Beare 164-165. "interessado em guardar dinheiro": *Epistulae* 2.1.175-176.

79-80   O amor romano à cultura grega: OCD^3 s.v. "enamorado da cultura grega" esp. p. 1160. Scipio: OCD^3 s.v. "Cornélio Cipião Emiliano". Cita Homero: Apiano, *Punica* 132; Cipião cita as palavras proféticas que Heitor diz à sua esposa: "Virá um dia em que o sagrado Ílio deve perecer, / e Príamo e o povo de Príamo do forte lançam cinzas" (*Il.* 6.448-449; tradução R. Lattimore). Biblioteca da Macedônia: Plutarco, *Aemilius Paulus* 28.6. Natureza da biblioteca: Cf. E. Rawson em *CAH* viii² 464. Ênio: *OCD*³ s.v. "Ennius, Quintus" Evêmero: *OCD*³ s.v. "Euhemerus."

80-82 "aquele que entre": Cícero, *Brutus* 20.78. Explica o eclipse: Lívio 44.37. Livro sobre eclipse: Plínio, *N.H.* 2.53. Arato: *OCD*³ s.v. "Arato (1)". Políbio: *OCD*³ s.v. "Polybius". "onde Timeu parou": Políbio 1.5.1. Teopompo: 8.9-11. Filarco: 1.14.1-3. Chaereas e Sósilo: 3.20.5. Arato: 2.40.4.

82-83 Biblioteca de Sula, Tirânio, Apelicão: Estrabão 13.609. Biblioteca de Lúculo: Isidoro, *Etymologie* 6.5.1. "O que Lúculo fez": Plutarco, *Luc.* 42.1.

84 Fluência de Ático em grego: Nepos, *Att.* 4.1. Varrão: *OCD*³ s.v. "Varrão". Suas obras: *RE* Supl. 6 (1938), p. 1180. Cinquenta autoridades: *De re rustica* 1.8-10.

85-87 Cartas de Cícero: D. Shackleton Bailey, ed., *Cicero's Letters to Atticus* (Cambridge 1965-1970), *Ad Familiares* (1977), *Ad Quintum Fratrem* (1980). Trabalhos administrativos: até mesmo Tiro, altamente estimado secretário-chefe de Cícero e ele próprio autor dos livros, foi um escravo a quem Cícero não alforriou até a velhice (ver *OCD*3 s.v. "Túlio Tiro"); os escravos de Ático incluíam *plumiri librarii* "muitos copistas" (Nepos, *Atticus* 13.3). Copiando grande parte de suas obras: cf. *Att.* 13.21a.2, onde Cícero, eliminando a possibilidade de que seu povo tivesse feito duas cópias de sua obra *De Finibus*, observa que "eles mal terminaram uma". "você verá": Cícero, *Att.* 4.4a.1. "Meu escravo Dionísio": *Ad. Fam.* 13.77.3. "Foi-me dito que": *Ad. Fam.* 5.9.2. "Sobre seu Dionísio": Ad. Fam. 5.10a.1.

88-90 Tomando emprestado de Ático: E.g., em 27 de fevereiro de 49 a.C. Cícero pede para tomar emprestado o *On Conncord*, de Demétrio (*Att.* 8.11.7), repete a solicitação em 28 de fevereiro (8.12.6), e, por volta de 17 de março, ele devolve o livro (9.9.2). Para outro pedido de empréstimo, ver R. Sommer em *Hermes* 61 (1926) 398. "escreva para Roma": *Att.* 4.14.1; na época, Cícero estava fazendo pesquisa para a sua *De Republica* (Maio de54 a.C.). Livros solicitados enquanto estava numa vila: E.g., em *Att.*13.31.2 e 13.32.2, escrevendo de Túsculo, ele pede certos livros de Dicerco (um pupilo de Aristóteles que escreveu sobre uma ampla gama de assuntos). Usou a biblioteca de Sula: *Att.* 4.10.1, e cf. E. Rawson, *Intellectual Life in the Late Roman Republic* (Baltimore 1985) 41, o que, certamente, representa a explicação correta para a expressão de Cícero, "Estou me sentindo na biblioteca de Fausto". "quando estava na minha casa": *De Finibus* 3.2.7. Vila biblioteca em Herculano: Callmer 155-156; J. Deiss, *Herculaneum: Italy's Buried Treasure* (New York 1966) 54-56.

91-92   "Sou muito grato": *Att.* 2.4.1. Serapião: *RE* s.v. "Serapion (4)". "A obra geográfica": *Att.* 2.6.1. Hiparco: *OCD*[3] s.v. "Hipparchus (3)." Alexandre de Éfeso: Estrabão 114.642. "Recebi": *Att.* 2.20.6. "Estou devolvendo": *Att.* 2.22.7.

93-78   Aquisição de livros: Ver R. Starr em *Classical Quarterly* 37 (1987) 213-219. Cópias em domínio público: 215. Cópia sub-reptícia de Caerellia: *Att.* 13.21a.2. Tullia: Cícero ap. Lactantius, *Institutiones Divinae* 1.15.20. A filha de Ático: Suetônio, Gramm. 16. A filha de Pompeu: Plutarco, *Moralia* 737B. A esposa de Pompeu: Plutarco, *Pompey* 55.

78-79   *taberna libraria*: Cícero, *Philippicae* 2.9.21. A cópia de Serapião pertencente a Ático: Cícero confirma o recebimento no começo de abril de 59 a.C. (a data de *Att.* 2.4), e Ático havia estado em Roma desde pelo menos dezembro de 60 a.C. (a data de *Att.* 2.2, enviada para Ático em Roma). "Para livros em latim": *Ad Quint. Frat.* 3.5.6. "usavam escribas incompetentes": Estrabão 13.609. Traz um especialista, Tirânio:

Ad Quint. Frat. 3.4.5. "os livros que uma pessoa gostaria de ter": ibid. Uma das primeiras coleções de Cícero: em *Att* 1.7, escrita de Roma em fevereiro d 67 a.C., ele lembra a Ático da sua promessa de "reunir uma biblioteca para mim". "Estou economizando": *Att.* 1.10.4, escrita em maio de a.C. Em *Att.* 1.11.3, escrita em agosto de 67 a.C., e em 1.4.3, escrita na primeira metade de 66 a.C. ele ainda não reuniu os fundos e insiste com Ático para que não deposite os livros em outros lugares.

94   "construir para uso público": Suet. *Caes.* 44. Asínio Pólio: Isidoro, *Etymologiae* 6.5.2.

Capítulo 6. Bibliotecas do Império Romano: *A Cidade de Roma*

96   Pólio *OCD*[3] s.v. "Asínio Pólio, Caio". Sua biblioteca: Isidoro, *Etymologiae* 6.5.2. Sua localização: Cf. Callmer, 156-157. Estátua de Varrão: Plínio, *N.H.* 7.115.

97-99   Bibliotecas de Augusto: Suetônio, *Augustus* 29.3 (Palatina); Plutarco, *Marcellus* 30.6 e Dião Cássio 4.43.8 (Pórtico de Otávia). Duas seções na Biblioteca do Pórtico de Otávia: *Ver CIL* 6.4433, 4435. Restos da Biblioteca Palatina: Strocka 307-309. Dezoito estantes: Ver a reconstrução em Strocka 308, fig. 4. *armaria*: Ver, e.g., Plínio, *Epistulae* 2.17.8 e *Digest* 32.52.3, e cf. Callmer 188. Estantes numeradas: Ver Scriptores Historiae Augustae, *Tacitus* 8.1, onde é feita menção a um livro "na sexta estante na biblioteca de Trajano" (*in bibliotheca Ulpia in armario sexto*); é uma suposição razoável que o sistema de numeração das estantes era comum para todas as bibliotecas imperiais. Colunata próxima: Cf. a planta em Nash i 204. Inovação romana: Cf. Callmer 159, 188; Strocka 308, que sugere que a Biblioteca Palatina foi o primeiro exemplo.

100   A biblioteca de Tibério: Plínio (N. H. 34.43) menciona uma *bibliotheca templi Augusti* e Gélio (13.20.1) um *domus*

Tiberianae bibliotheca. Eles podem estar se referindo à mesma biblioteca; cf. *RE* s.v. "Bibliotheken" 418. Biblioteca de Vespasiano: Gellius 16.8.2. Sobre a possível identificação de seus restos, ver Callmer 161-162. Estátua de cinquenta pés: Suetônio, *Tiberius* 74; Plínio, *N. H.* 34.43.

100-104 A biblioteca de Trajano: Packer i 450-454.

104-105 Decoração das estantes: Cf. Sêneca, *Da tranquilitate animi* 9.6. (menção de "*armaria* de citrus e marfim"). Banhos romanos: J. Carcopino, *Daily life in Ancient Rome*, trad. E. Lorimer, ed. H. Rowell (New Haven 1940) 254-263. "O que é pior que Nero": Marcial 7.34.4-5. Restos dos Banhos de Nero: Nash ii460-464.

105-107 Banhos de Trajano: Strocka 311-313; Nash ii 472-477, esp. 476, fig. 1290. Banhos de Caracala: Strocka 315-316; Nash ii 434-441, esp. 438, fig. 1237. Banhos de Diocleciano: Nash ii 448-453.

108 Incêndio e restauração da Biblioteca Palatina: Callmer 157-159; Strocka 307-308. Da Biblioteca do Pórtico de Otávia: Dião Cássio 66.24.2; Suetônio, *Domitian*, 20. Da biblioteca no Templo da Paz: Dião Cássio 73.24.1-2; Amiano Marcelino 16.10.14 (onde ele lista o templo como um dos locais de interesse da cidade em 357). A biblioteca de Trajano em 456: Sidônio Apolinário, *Carmina* 8.7-8 e *Epistulae* 9.16.2, linhas 25-28.

109 Macer: Pflaum i 11-13 (Pflaum deduz erroneamente que Macer foi um diretor de bibliotecas. Ele estava simplesmente a cargo da instalação da Biblioteca Palatina; ver Fehrle 75-76). Melisso: Suetônio, *De Gram. et Rhet.* 21 e cf. *RE* s.v. "Melissus, C. Maecenas". Higino: Suetônio, *De Gram. et Rhet.* 20 e cf. *RE* s.v. "(C) Iulius Hyginus".

110-111 Papo: *AJA* 63 (1959) 384 e cf. a entrada em Prosopographia Imperii Romani, Saec. I, II, III, Parte IV (Berlim

1952-1956[2]), n. 447, onde Papo é identificado como um liberto; S. Panciera argumenta (*Epigraphica* 31 [1969] 112-120, esp. 113), provavelmente com razão, que ele deve ter nascido livre, provavelmente um grego que havia adquirido recentemente uma cidadania romana. "que era íntimo": o latim é *comes*, sobre o que ver Panciera 113-114. Cirto: *CIL* 10.1739 = *ILS* 1587. "liberto de Augusto": Cf. Weaver 51. *familia Cesaris*: Weaver 2. Gama de funções: 7. Procuradoria como uma culminação de carreira: 267-281.

111-112 Dionísio: Pflaum i 111-112. Salários: H. Pflaum, *Les procurateurs équestres sous le haut-empire romain* (Paris, 1950) 236-237. Eudemão: Pflaum i 264-271. Filósofo: L. Júlio Vestino; ver Pflaum i 245-247. Jurista: L. Volúsio Meciano; ver Pflaum i 333-336. Suetônio: Para sua carreira no serviço público ver Pflaum i 219-224 e *OCD*[3] 1451.

114-115 Carta de Aurélio: Fronto, *Epistulae* 45.5.2. Antíoco: *CIL* 6.5884; para outros escravos na seção de latim da Biblioteca Palatina, ver 6.5189 e, para um escravo na seção grega, ver 6.5188. Larix: *CIL* 6.4433; para um escravo na seção de latim na Biblioteca do Pórtico de Otávia, ver 6.4431. Montano: *CIL* 6.4435. Onésimo: 6.8679. Himeneu: 6.8907.

116-118 Lamento de Ovídio: *Tristia* 3.1.59-72. "Ele chegou perto de proibir": *Calígula* 34.2. "Enviou uma curta e direta carta": *Iulios* 56.7. Lista seus títulos:: Eles incluem um poema "Em honra a Hércules" e uma tragédia "Édipo". Gélio: *OCD*[3] s.v. "Gélio, Aulo." "Fiz uma detalhada pesquisa": 16.8.2. "Muitas das cartas":5.21.9. Para os dois escritores mencionados ver *OCD*[3] s.v. "Élio, Lúcio" e s.v. "Sínio Capitão". Editais de pretores: Gélio 11.17.1. "Guardou num relicário": Suetônio, *Tiberius* 70.2. Tratado médico grego: *Anthologia Palatina* 7.158; o autor era Marcelo de Side (cf. *OCD*[3] s.v. "Marcellus").

119-120 Marca de status: Cf. N. Horsfall em *Greece & Rome* 40 (1993) 61-62. Confiscos: a vila de Varrão com sua biblioteca foi saqueada por Marco Antônio; a biblioteca de Lúculo tinha sido herdada por seu filho, que foi morto em Philippi em 42 a.C., lutando ao lado de Bruto e Cássio; a de Sula havia sido herdada por seu filho Fausto, que foi morto lutando contra César na África em 46 a.C. Morte de Ático: Cf. R. Syme, *The Roman Revolution* (Oxford 1939) 257. "ele colecionava cópias": *Domitian* 20.

121-123   Comércio de livros na época imperial: Cf. R. Starr em *Classical Quarterly* 37 (1987) 222-223. Quatro obras de Marcial manipuladas: além de Trifão, Atrecto e Segundo, havia Quinto Pólio Valeriano (Marcial 1.113). Livrarias estocavam os autores desde 20 a.C., como podemos afirmar pela indicação de Horácio na *Epistulae* 1.20.2 de que a obra estava disponível para venda na loja dirigida pela família Sosii; cf. também *Epistulae* 2.3.345 "Este pequeno livro delgado": 13.3.1-4. Atrecto: 1.117.10-17. Segundo: 1.2. "Uma cópia do autor": 4.72. Trifão, editor de Quintiliano: Quintiliano, *Praef.* Lojas que vendiam clássicos: Ver Sêneca, *De Beneficiis* 7.6.1, onde ele menciona um negociante de livros, Dorus, que tinha exemplares de Cícero e Lívio para vender. Lojas de livros antiquárias: Ver R. Starr em *Phoenix* 44 (1990) 148-157. "expostos para venda": 5.4.1.

123-125   Aberta do nascer do sol ao meio-dia: uma inscrição encontrada na ágora ateniense que provavelmente veio da biblioteca de Pantainos onde se lê: "Aberta desde a primeira hora até a sexta"; ver R. Wycherley, *Agora iii* (Princeton 1957) 150, n. 464 a cf. Strocka 306. Sobre essas horas como o horários padrão de negócios, ver E. Bicjerman, *Chronology of the Ancient World* (Ithaca 1980[2]) 15. Capacidade das estantes: Cf. Packer i 454. Baldes: chamados de *scrinia* ou *capsae* em latim. Incidente em Tibur: Gélio 19.5. Diretores eliminaram empréstimos: Na inscrição citada acima, os horários de abertura são precedidos pelas palavras: "Nenhum livro pode ser retirado; nós [assim] juramos". Empréstimo de Aurélio: P. Fideli em *Quaderni urbinati di cultura classica* 45 (1984) 165-168, cita carta de Aurélio como prova de que as bibliotecas de Roma permitiam o empréstimo; L. Piacente, em *Studi latini e italiani* 2 (1988) 56-57, argumenta que o empréstimo nesse caso era um privilégio especial.

Capítulo 7. Bibliotecas do Império Romano: *fora da cidade de Roma*

126-128 Grafite em Pompéia: A. Mau trad. F. Kelsey *Pompeii: Its Life and Art* (New York 1899) 481-488. ACBs: *CIL* 4.2514-2548. Linhas de Virgílio: Mau e Kelsey 488. Citações de poetas de amor, cf. L. Richardson em *Archaeoology* 30 (1977) 395. Pinturas murais: Richardson 394. Biblioteca em Pompéia 400-402. Comum: *CIL* 5.5262. Sessa Aurunca: 10.4760. Volsínios: 11.2704.

128-130 Acréscimo de Cláudio, suas histórias: Suetônio, *Claud*. 42.2. Informante não confiável: C. Sabino Calvisius, citado por Plutarco, que observa que nem tudo o que ele disse é crível (*Antony* 58-59). Biblioteca no santuário de Asclépio em Pérgamo: Callmer 175-176; Strocka 320-322. Biblioteca de Pantaino: 304-306. "Tito Flávio Pantaino... dedicou: Platthy n. 36 (= R. Wycherley, *The Athenian Agora iii* [Princeton 1957] p. 150).

130-134 Biblioteca de Adriano: Callmer 172-174; Strock 318-320. Biblioteca de Celso: Callmer 170-171; Strock 322-329; A. Boëthius e J. Ward-Perkins, *Etruscan and Roman Architecture* (Pelican History of Art 1970) 397-398. "Para Tibério Júlio Celso": Platthy n. 128 (= *Forschungen in Ephesos* v [Vienna 1953] p.75). Três mil rolos: Foi estimado (Packer i 454) que os nichos da biblioteca de Adriano, com dois metros e oitenta centímetros de altura e um metro e vinte de largura, continham aproximadamente cento e vinte rolos; aqueles na biblioteca de Celso, com a mesma altura porém mais estreitos (um metro) conteriam cerca de cem rolos.

135-138 Apenas duas bibliotecas confirmadas no ocidente: Cf. Harris 272. Menção de uma biblioteca em Cartago: Apuleio, *Florida* 18.8. Renovação de Cartago: *OCD*[3] s.v. "Carthage". Biblioteca em Timgad: H. Pfeiffer em *Memoirs of the American Academy in Rome* 9 (1931) 157-165; Callmer 181-182. Pfeiffer (159) data-a, no mais tardar, de 250; *OCD*[3] s.v. "Thamugadi" (atual Timgad) é datada do século IV. Expansão da língua latina e cultura romana no ocidente: CF. Harris 272. Escolas nas cidades mais importantes: 242-244. Educação superior: H. Marrou, trad. G. Lamb, *A History of Education in Antiquity* (London 1956) 297. Marcial: Nasceu entre 38 e 41 e não partiu para Roma antes de 64 (*OCD*[3] 930). Falta de evidência para as bibliotecas ocidentais: Até mesmo para a Espanha, uma das mais culturais do ocidente romano, não há evidência da existência de bibliotecas públicas; ver o exaustivo estudo de C. Hanson, "where there Libraries in Roman Spain?" *Libraries & Culture* 24 (1989) 198-216. Harris deduz (273) que existiam apenas duas e oferece uma explicação sociopolítica não convincente de por que elas são tão poucas.

139-140 Longiano: Platthy n. 132; *RE* s.v. "Iulius" (n. 321) (vox. x, p. 663). Médico-poeta: *Tituli Asiae Minoris* 2.3 (Vienna 1944) n. 910; *RE* Supplementband 4, p.731. Quadrigário: Gélio 9.14.3. Descoberta em Patras: Gélio 18.9.5. Soldados romanos assentados em Patras: Estrabão 8.387.

Capítulo 8. Do rolo ao códice

142-144 "Esta massa volumosa": Marcial 14.192. *membranae* = "códice de pergaminho": Cf. van Haelst 22. Edições de Virgílio, Cícero, Lívio: 14 186, 188, 190. Tabuletas de escrita: Roberts-Skeat 11-14; van Haelst 14-17. Tabuletas de dez tábuas: Blanchard 57, 59. Invenção romana do caderno de pergaminho: Roberts-Skeat 15-23; van Haelst 18-20. Caderno de pergaminho como um passo em direção ao códice: van Haelst 20. "Como uma tabuleta tão pequena": 14.186.

144-145 "couro com muitas dobras": 14.184. Quinhentos e cinquenta códices, 60% papiro, 40% pergaminho: Ver as estatísticas de achados publicadas por W. Willis em *GRBS* 9 (1968) 220. Um vez que as estatísticas aqui, bem como aquelas em Roberts-Skeat, refletem achados somente até a data da publicação e incluem itens cujas datas não são estritamente exatas, para evitar uma impressão equivocada da exatidão, utilizo números redondos no texto e forneço nas notas os números realmente reportados. Os valores reais de Willis totalizam quinhentos e trinta e seis códices, dos quais trezentos e oitenta e nove são de papiro e cento e quarenta e sete, de pergaminho. Achados posteriores, sem dúvida, teriam elevado estes e outros números citados, mas quase certamente sem afetar as proporções (cf. Roberts-Skeat 3).

145-146 Mil trezentos e trinta escritos, vinte em códices: ver o total de achados por séculos em Roberts-Skeat 37; os números para o primeiro e segundo séculos totalizam, precisamente, mil trezentos e trinta e um achados, dos quais mil trezentos e doze são rolos e dezenove são códices. Terceiro século, 300 d.C., 400 d.C.: Roberts-Skeat 37 calcula, para esse período que vai do fim do século II às primeiras décadas do século IV, oitocentos e nove rolos e cento e sessenta códices; para cerca de 300 d.C., cinquenta e quatro rolos e cinquenta códices; para o quarto século até as primeiras décadas do quinto século, quarenta e três rolos e cento e sessenta e sete códices. Para o restante do século V, onze rolos e oitenta e oito códices. A continuação da vida dos rolos: Lewis 90-94.

146 Composição dos códices: Turner 13-14. Exemplo extremo: Papiro de Bordmer II, uma cópia do evangelho de João datando de cerca do ano 200; cf. Turner ibid.

147 Maior capacidade do códice: Cf. Roberts-Skeat 48. Conveniente para viajantes:Ver Marcial 1.2 citado 104 acima (edição em códice de suas próprias obras), 14.l88 (de Cícero). Facilidade de acesso ao conteúdo: Cf. Turner 8; Roberts-Skeat 50 (cujas observações sobre o descuido dos antigos sobre a citação exata não altera o fato de que os códices permitem o acesso mais fácil). Capas:Turner 14.Títulos: Cf. Wilson 54-55 (exemplos de códices com títulos pintados na borda dianteira);Turner 7 (etiquetas nos rolos são sujeiras a cair). Relutância dos leitores e dos *scriptoria* em mudar para o códice: Cf. Roberts-Skeat 73-74.

148-149 Preferência dos cristãos pelo códice: Roberts-Skeat 38-44, 62-66; van Haelst 23-28. Preferiu o códice para escritos religiosos não bíblicos: Roberts-Skeat 42-44, van Haelst 28. 1.200 escritos pagãos, trinta códices: Ver as estatísticas em Roberts-Skeat 37, onde os números exatos somam mil duzentos e seis e trinta e um. Sobe para cento e setenta: ver Roberts-Skeat 38 onde o número exato é cento e setenta e dois. única instância excepcional: Roberts-Skeat 39-40.

149 Códice adotado pelos cristãos em Roma: Cf. van Haelst 34-35; ver também Roberts-Skeat 58-60 (argumenta em favor de Antioquia) e van Haelst 31-32 (objeções). Livre de associações do rolo: Cf. Roberts-Skeat 56, 60. Dezoito códices, quatro de pergaminho:Ver van Haelst 23-25."Deios veio a nós": U. Hagedorn e outros, *Das Archiv des Petaus* (Köln 1969) n. 30; van Haelst 21-23.

150 Achado do século III: ver as estatísticas em Willis (op. cit. sob **144-145** acima) 220, onde o total exato é cento e cinco, dos quais quinze são códices de pergaminho gregos e dois latinos. Séculos IV e V: ver Willis ibid, onde os números precisos são: para o século IV, cento e sessenta no total, dos quais cinquenta e seis são de pergaminho; para o século V, total de cento e cinquenta e dois, dos quais quarenta e seis são de pergaminho.

150-151 Jerônimo, *Epistulae*, 34 (J.-P. Migne, *Patrologia Latina*, vol. 22, 448). Carta de Constantino: Eusébio, *Vita Constantini* 4.36 (Migne, *Patrologia Graeca*, vol. 20 1185). Maior Bíblia sobrevivente em códice de papiro: o papiro de Chester Beatty dos Evangelhos e Atos; ver Turner 15. Carta de São Basílio: *Ep.* 231 (Migne, *Patrologia Graeca*, vol. 32, 861; R. Deferrari, *The Fathers of the Church*, vol. 28, 158). Poeta latino: *Epigrammata Bobiensia* n. 57.

151-152 Cópias da Bíblia: Códice Sinaítico, Códice Vaticano. Autores latinos: E. Lowe, *Codices Latini Antiquiores*, Parte 1 (Oxford 1934) nos. 11, 13, 19 (Vergil); 12 (Terence); 27 (Fronto). Homero: Códice Ambrosiano; cf. E. Thompson, *An Introduction to Greek and Latin Palaeography* (Oxford 1912) 198-199. Papiro não é mais qualificado para livros de luxo: Cf. Turner 16. Códices de pergaminho como livros escolares de direito: A. Norman em *JHS* 80 (1960) 124. Faz com que os joelhos dos alunos cedam: Libânio, *Orationes*, 4.18. Míssil nas brigas dos estudantes: *Orationes* 58.5.

153 Carta de Plínio: *Epistulae* 3.5. Passear numa liteira em vez de andar: 3.5.15-16. Ter os livros lidos: 3.5.10.

Capítulo 9. Em direção à Idade Média

155-156 Guerra destrutiva, população mínima de Roma: R. Krautheimer, *Rome, Profile of a City*, 312-1308 (Princeton 1980) 62-65. Império oriental saiu-se melhor: A. Jones, *The Later Roman Empire 284-602* (Oxford 1964) 1027-1031. Cadeiras professorais: *Codex Theodosianus* 14.9,3; cf. Jones 990-991.

157-158 Bibliotecas de Constantinopla: Wilson 54-58. Biblioteca Serapeu: ver a oportuna apresentação por J. Thiem em *Journal of the History of Ideas* 40 (1979) 508-511. Coleção em Jerusalém: Leclercq 857. Comentários de Eusébio: *Historia Ecclesiastica* 6.20. Coleção em Cesaréa: Leclercq 857; T. Tanner em *Journal of Library History* 14 (1979) 418-419.

158-159 Bibliotecas em Roma: Leclercq 866-872; Thompson 21-22, 140. Mural de Santo Agostinho: Leclercq 869-870, com ilustração em cores opp. 868. Data do século VII: Cf. Krautheimer (op. cit. sob **155-156** acima) 54. Atitude em relação à literatura pagã: Jones (op. cit. sob **155-156** acima) 1005-1006; P. Lejay, "Literatura Latina na Igreja", *The Catholic Encyclopedia* (New York 1910) ix 32. Sonho de Jerônimo: Epist. 22.30 (J.-P. Migne, *Patrologia Latina*, vol. 22, 416). Atitude de Gregório o Grande: Jones 1005. Coleções na Espanha com obras pagãs: Leclercq 876 (biblioteca de São Bráulio). Isidoro: Thompson 28; J. Clark, *The care of books* (Cambridge 1902) 47-48. Proibição da leitura dos monges: *Regula Monachorum* 8 (Migne, *Pat. Lat.*, vol. 83, 877-878). Versos: Clark, ibid; Migne, *Pat. Lat.*, vol. 83, 1107-1111.

160-162 Pacômio: W. Smith, *Dictionary of Greek and Roman Biography and Mythology* (London 1856) s.v. "Pachomius". "seja ignorante das letras": *Regula Pachomii* 139-140 (J. P. Migne, *Patrologia Latina*, vol. 23, 82). Regulamento a respeito dos livros: *Reg. Pach.* 100 (Migne vol. 243, 78); cf. Clark (op. cit. sob **158-159** acima) 54-55. Informação escassa sobre as bibliotecas orientais: Wilson 53 Coleções de monastérios em Constantinopla: Wilson 63-64. Patmos: Wilson 69-70; S. Padover em Thompson 323-324. Bibliotecas particulares bizantinas: por exemplo, de Photion e Arethas; ver Padoiver 317-319.

163-164 As estipulações de Benedito em matéria de leitura: *Regula* 48. "uma vez que todos na cidade": Sulpício Severo, *Dial.* 1-23. Livros de Roma para a Bretanha: Thompson 25-26. Aquisições de Cassiodoro do norte da África: *Inst* 1.8. (J. P. Migne, *Patrologia Latina*, vol. 70, 1120); cf. *An Introduction to Divine and Human Readings by Cassiodorus Senator*, trad. com introdução por L .Jones (New York 1946) 33. Vida pública de Cassiodoro: Joines 7-19. Monges mais jovens fazem cópias: Sulpício Severo, *Life of St. Martin* 7 (referindo-se ao monastério de São Martinho em Tours). Cópias feitas por desqualificado: Ferreolos, *Regula ad Monachos* 28 (Migne, *Pat. Lat.*, vol. 66, 969). "com sua mão prega": *Inst.* 1.30 (Migne, *Pat. Lat.*, 70, 1144-1145). Cópia de literatura secular: Jones 35. *De Orthographia*: Jones 41. Biblioteca de Vivarium: Leclercq 877-878; Thompson 40.

164-165 *Institutiones* amplamente disseminadas: L. Jones (op. cit. sob **163-164** acima) 48, 50-53. Bobbio: Thompson 44-48. São Galo: 83-84. Fulda 67-72. Petrarca: 524-527. Medici: 544-549.

Ilustrações

1.1 Tabuleta de argila com escrita cuneiforme do palácio de Assurbanípal em Nínive. Atualmente em exposição no Museu Britânico.

2.1 Tondo de figuras vermelhas. Cerca de 440-435 a.C. Atenas. Coleção Campana, 1861, Departamento de antiguidades gregas, etruscas e romanas, Museu do Louvre.

2.2 Jovem lendo um rolo. Relevo em uma lápide, final do século V a.C., atualmente na Abadia de Grottaferrata. Foto Deutsches Archäologisches Institut, Roma.

2.3 Fragmentos de um voto de ostracismo contra Temístocles, recuperados de um poço próximo à Acrópole de Atenas. Atualmente no Museu da Ágora Antiga em Atenas. Fotografia de Zde/Wikimedia Commons.

3.1 Rolos, a maioria com etiquetas de identificação, empilhados em três níveis de uma estante. Desenho a lápis de um relevo do período romano encontrado em Neumagen, agora perdido. De acordo com T. Birt, *Die Buchrolle in der Kunst* (Leipzig 1907). p. 247.

3.2 Reconstrução do mapa do mundo de Erástones. De acordo com W. Smith, *The student's manual of ancient geography, based upon the Dictionary of Greek and Roman geography* (Londres, 1861).

4.1 Ilustração da Biblioteca de Pérgamo. De acordo com R. Bohn, *Das Heiligtum der Athena Polias Nikephoros* (Berlim, 1885).

4.2 O santuário de Atena em Pérgamo. De acordo com R. Bohn, *Altertümer von Pergamon (Band II, Tafeln): Das Heiligtum der Athena Polias Nikephoros* (Berlim, 1885).

5.1a Busto de um menino segurando um rolo com etiqueta de identificação. Pintura mural de Pompeia atualmente no Museo Nazionale, Nápoles. Foto de Carole Raddato de Frankfurt, Alemanha/Wikimedia Commons.

5.1b Desenho a lápis da escrita numa etiqueta na figura 5.1a. De acordo com T. Birt, *Die Buchrolle in der Kunst* (Leipzig 1907), p.239.

5.2 Planta da biblioteca da Vila do Papiro, Herculano. Desenhado no século XVIII por Charles Weber.

6.1 Mapa do Monte Palatino, em Roma. *Encyclopædia Britannica* (11ª ed.), v. 23, 1911, "Rome," p. 599, fig. 10.

6.2 Médico lendo um rolo com uma estante aberta ao lado. Relevo em um sarcófago do século IV d.C. Metropolitan Museum of Art, presente de Earnest e Beata Brummer, 1948, em memória de Joseph Brummer.

6.3 Planta das bibliotecas do Fórum de Trajano, Roma. Imagem: Samanthamalgieri/Wikimedia Commons.

6.4 Os Banhos de Trajano e o terreno ao redor da Casa Dourada. Fotografia de Ryan Freisling.

6.5 Fotografia dos Banhos de Caracala, Roma, tirada a sudoeste do caldário. Imagem de Ethan_Doyle_White/Wikimedia Commons.

6.6 Balde de couro cheio com rolos de pergaminho. Detalhe da estátua de Sófocles no Museo Gregoriano. Fotografia de Finoskov/Wikimedia Commons.

7.1 Grafite de amantes encontrado em Pompeia. Imagem em domínio público.

7.2 Planta da biblioteca de Adriano, em Atenas. De acordo com J. W. Clark, *The Care of Books* (Cambridge, 1901).

7.3 Reconstrução da biblioteca de Adriano em Atenas. Fotografia de Joris/Wikimedia Commons.

7.4 Fachada da biblioteca de Celso em Éfeso, próximo a Selçuk, no oeste da Turquia. Fotografia de Benh LIEU SONG/ Wikimedia Commons.

7.5 Planta do interior da biblioteca de Celso. De acordo com R. Verlag, *Jahreshefte des Österreichischen Archäologischen Institutes in Wien*, vol. 11, (1908).

7.6 Planta da biblioteca em Timgad. Século III d.C. De acordo com Callmer, p.180.

7.7 Maquete da biblioteca de Timgad, em exibição no Museu da Civilização Romana. Fotografia de Lalupa/Wikimedia Commons.

8.1 Pintura mural mostrando uma mulher com uma tabuleta de escrita e um homem com um rolo, encontrada em Pompeia e, atualmente, no Museo Nazionale, Nápoles.

8.2 Tabuleta de escrita de madeira com múltiplas folhas feita no Egito romano. Atualmente no Metropolitan Museum of Art.

8.3 Pintura em tumba mostrando uma figura com um códice e uma outra com um rolo. Século V d.C. De acordo com R. Garrucci, *Storia della arte cristiana nei primi otto secoli della chiesa*, ii (Prato 1873), pl. 105A.

8.4 Mosaico no Mausoléu de Gallia Placidia, Ravena, retratando uma estante com códices nas prateleiras. Século V d.C. Fotografia de Mattis/Wikimedia Commons.

Índice

-A-

a bibliotheca, 114, 115

acadianos, 12

acessão, 47, 49

Adriano, 112, 118, 128-131, 139, 154

Agostinho, 155, 159, 160

Alepo, 13

Alexandre de Éfeso, 92

Alexandre o Grande, 43, 44, 54, 61, 81

Alexandria, 40, 41, 43, 45-47, 49-54, 57-60, 62, 65, 66, 69, 70, 71, 75, 84, 86, 89, 94, 108, 112, 115, 119, 120, 128, 129, 156, 157; bibliotecas em, Ver sob biblioteca

alfabetização, 12, 28-30, 66, 68, 114, 126, 127, 137, 160. Ver também educação, escolas

alfabeto, 18, 29, 30, 58, 75, 126, 140

Ambrósio, 160

Ancara, 15

Aníbal, 81

Antígono Gônatas, 80

Antíoco III, 61

Antioquia, 44, 61, 156

Antonino Pio, 112, 118

Apelicão, 82

Apolo, 97-100

aquisições, 22, 46, 47, 62, 72, 73, 109, 119, 120, 125, 154, 162

Arato (líder político), 82

Arato (poeta), 81

Argos, 48

Aristarco (acadêmico), 54, 58

Aristófanes, 34, 40, 53, 58

Aristófanes de Bizâncio, 50, 54, 56, 58, 65

Aristóteles, 41, 43, 49, 53, 62, 66, 71, 82, 83, 125, 140, 164

armaria, 98

armazenagem incorreta nas prateleiras, 18

Arquelau (Rei da Macedônia), 80

Arquimedes, 45

arquivos, 15, 142, 159

Asclépio, 129

Ashur, 19, 22, 24, 25

Ásia Menor, 12, 44, 61, 62, 67, 71, 82-84, 103, 112, 126, 133, 139

Asínio Pólio. Ver sob Pólio

Assíria, Assírios, 12, 19-21, 23, 25

Assurbanípal, 19, 20, 22-26

Astipaleia, 32

Atálidas, 61, 62, 65-67, 129

Átalo I, 62

Átalo II, 67

Atenas, Atenienses, 30, 32, 35, 36, 38, 39, 41, 42, 45, 47, 71-74, 82-85, 125, 130-133, 139, 154; bibliotecas em, 71, 73, 74, 129, 130, 132, 133

Ático, 84, 85, 86, 88, 91-94, 120

Atrecto, 121

Augusto, 97, 99, 100, 105, 108-111, 115-117, 120, 126, 135, 140, 156

Aulo Gélio. Ver sob Gélio

Aureliano, 60

-B-

Babilônia, Babilônios, 12, 15, 22-24, 44

baldes (para livros) 38, 124, 148, 153

Banhos: de Caracala, 106, 107; de Diocleciano, 107; de Nero, 105; de Trajano, 105, 106

Basílio, São, 151, 155

Benedito, São, 162

Beócia, 32

Bíblia, 48, 148-151, 153, 155, 158, 162

biblioteca: de Alexandria, 43, 45-47, 49-54, 57-60, 75, 81; de Celso, 133, 134, 139, 154; de Adriano, 130, 132, 133; Palatina, 97-100, 104, 106, 108, 109, 110, 115, 116, 120, 125; de Pérgamo, 62-66; do Pórtico de Otávia, 98, 108, 109, 110, 114, 116, 120; do Templo de Apolo, 97-114; do Templo da Paz, 100, 108, 118; de Trajano, 100-104

Biblioteca do Pórtico de Otávia, 98, 108, 109, 110, 114, 116, 120

Biblioteca Palatina, 97-100, 104, 106, 108, 109, 110, 115, 116, 120, 125

bibliotecários. Ver sob bibliotecas, equipe das bibliotecas, aquisições. Ver sob aquisições, arranjo das, 49, 50, 52, 53, 63, 65, 66, 83-87, 90, 96-100, 104, 106,

123, 124, 128-130, 132, 134, 153, 154; nos banhos, 105-108, 117; repositórios, 47-49, 53, 54, 71-74, 108, 109, 114-116, 118, 124, 125, 128, 129, 139, 140, 157-165; horários, 123; em monastérios, 160-165; particulares, Ver sob coleções; restos de, 62, 63, 89, 97, 98, 100, 102, 105-107, 128, 130, 136, 138; tamanho das, 48, 49, 63, 103, 104, 115, 130, 131, 133, 134, 137, 158, 159, 161, 162; equipes das, 50, 51, 60, 85-87, 108-115; apoio das, 46, 47, 62, 63, 70-74, 127-137, 139; usuários, 104, 107, 108, 117, 129, 130; nas vilas, 83-87, 88-90

bibliotecas de monastérios, 160-165

bibliotecas de vilas. Ver sob bibliotecas, nas vilas

Biblioteca Serapeu, 46, 157

bibliothecarius, 113, 114

Bilbilis, 137

Bobbio, 165

-C-

Caerellia, 92

Caio (jurista), 160

Calígula, 110, 116

Calímaco, 51-54

Cartago, 79, 81, 128, 135, 137

Cassiodoro, 163-165

catálogos, 14-20, 26, 53, 54, 72, 73, 85, 98, 108, 109, 114, 153, 154

Catão, 88, 90

Catulo, 96

Celso, biblioteca de, 133, 134, 139, 154

César, 56, 59, 90, 94, 95, 96, 99, 109-111, 117

Cesareia, 150, 158

cestas (para livros) Ver sob baldes (para livros)

Cícero, 80, 81, 84-89, 91-94, 143, 159

ciência, 54

Cipião Emiliano, 79-81

Cirene, 51

Cirto, 110, 111

Cláudio, 60, 110, 114, 128

Cleópatra, 59, 65, 129

códice 121, 142-154. Vantagens sobre o rolo, 143, 144, 147, 148; Preferência cristã pelo, 148, 149; favorecido sobre o rolo, 146; constituição do, 145-148; origem do, 143; de papiro 145, 149-151

Código Justiniano, 151, 156

Código Teodosiano, 151

coleções: particulares, 23, 24, 30, 40, 41, 43, 66, 70, 76, 78-85, 88, 89, 93, 94, 108, 109, 120; reais, 13, 15, 19-21, 24, 25, 27, 43; de escribas, 25; de templos 13, 18, 19, 22

colofões, 15-18, 20, 23-26

comentários, 56-58, 155

Comum, 128

Constantino, 149, 150, 156

Constantinopla, 155-157, 161

conteúdo das bibliotecas.Ver sob bibliotecas: repositórios

Cós, 45, 71

couro, 11, 36, 38, 65, 144, 153

Crates (filósofo), 66

Crisóstomo, 160

Cumas, 88

cuneiforme, 12, 21, 22, 29

-D-

Dâmaso I, 158

Delfos, 67

Demétrio de Faleros, 41

Demófilo (poeta cômico), 77, 78

Demóstenes, 58, 72

Dião Cássio, 59

Dídimo Chalkenteros, 57, 59, 84, 85

Dífilo (poeta cômico), 72, 77

Diodoro, 27, 66

Dionísio de Alexandria, 111, 112, 113

Dionísio o Trácio, 58

direitos autorais, 39, 40, 122

diretor de biblioteca, em Alexandria, 49, 50, 51, 54, 56, 60; em Antioquia, 61; em Roma, 109-114

Domiciano 108, 120

-E-

Ebla, 13, 14, 19, 25

educação, 26, 39, 66, 67, 68, 71, 91, 109, 127, 135, 137, 140, 160, 161.Ver também alfabetização, escolas

Éfeso, 34, 92, 133, 139

Egito, 11, 27, 36, 41, 44, 46, 48, 49, 57, 60, 65, 68, 69, 103, 112, 113, 126, 128, 144, 145, 146, 148-151, 157, 160

Emílio Paulo, 79, 82

empréstimo, 24, 124, 164

Ênio, 80, 108

Épico da Criação, 20, 26

Eratóstenes, 45, 54, 91

escolas, 13, 24, 29, 31-33, 34, 48, 51, 67, 68, 69, 71, 76, 127, 137, 154. Ver também educação, alfabetização escravos, 17, 25, 50, 76, 85, 87, 109-112, 113, 114, 115

escribas, 12-16, 18, 19, 20, 25, 38, 68, 69, 70, 71, 72, 93, 114, 115, 120, 123, 163, 164

Esmirna, 67

Esparta, 35, 73

Ésquilo, 30, 34, 41, 42, 47, 53

estantes, 50, 98, 100, 102, 103, 104, 106, 107, 114-116, 124, 130, 134, 137, 159

estátuas, como decoração das bibliotecas, 63, 96, 98, 100, 102, 103, 106-109, 116, 118, 130, 132, 134

Estrabão, 41, 49

Euclides, 45

Eudoxo (sábio), 53

Eufórion, 61, 118

Eumenes II, 62, 65-67

Eurípides, 30, 34, 38, 40, 41, 47, 69-72, 66, 67, 78, 92, 121

Eusébio, 150, 155, 158-160

Evêmero, 80

-F-

familia Caesaris, 111, 113, 115

Fausto Sula, 83, 88

Fenícios, 29

Filarco, 81

Filémon (poeta cômico), 77

Filetas, 56

Filetero, 61

Filino, 81

Filodemo (filósofo), 89, 90

Fórum de Trajano, 100-104, 107, 115, 118

Fronto, 114

Fulda, 165

-G-

Galeno, 160, 164

Gélio, 115, 119, 123, 125, 128, 140

Gilgámesh, 20, 22

ginásio, 71-74

glossários, 50, 56-58

Gregório o Grande, 159

Guerra Púnica, 81

-H-

Halicarnasso, 139

Hattusas, 15, 16, 18, 19, 25

Hecateu, 34

Héracles, 40

Heráclito, 34

Herculano, 89

Heródoto, 32, 34, 38, 56, 63, 139

Herófilo, 45

Hesíodo, 40, 56

Higino. Ver sob Júlio Higino

Hiparco (astrônomo), 91

Hipócrates, 45, 160, 164

Hititas, 15, 18

Homero, 28, 31, 34, 38, 40, 48, 49, 52, 56, 63, 69, 70, 76, 79, 94, 108, 139, 140, 144, 151, 164

Horácio, 76, 78, 96, 109

-I-

Ilíada, 30, 38, 39, 58, 69-72, 79

Ilíria, 87

Isidoro, 159, 160

-J-

Jerônimo, 150, 153, 155, 158-160

Jerusalém, 156, 158

Júlio Higino, 110-113

Justiniano, 151, 156

-L-

lexicografia, 56

Libânio, 151

liberto, 110-112, 113, 115, 122

Líbia, 51

Licurgo (estadista ateniense), 42

Lisímaco (governante helenístico), 61, 62

lista de prateleiras, 52, 53

Lívio, 116, 123, 143

Lívio Andrônico, 75, 76, 140

livreiros, 38, 39, 70, 76, 79, 82, 93, 94, 119, 122, 149, 162, 163

livros, comércio de, 19, 29, 38-40, 70, 76, 79, 82, 90, 93, 94, 121, 123, 143, 162; Ver também livreiros

livros, preços dos, 39; maus-tratos dos, 24; produção de, 38-40, 70, 71, 92-94; roubo de, 23-27, 86, 87, 165

livros antigos, comércio, 123

livros de receita, 35, 40, 48, 52, 53

Longiano, 139

Lúculo, 82, 83, 88-90, 103

-M-

Macedônia, 43, 44, 79-81

Mácer. Ver sob Pompeu Mácer

Mâneton, 48

Marcial, 121, 122, 137, 142, 143, 144, 145, 147, 149

Marco Antônio, 59, 65, 97, 129

Marco Aurélio, 114, 125

materiais de escrita, 11, 23, 36, 44. Ver também tabuletas de argila; couro; papiro; pergaminho, tabuletas de cera.

maus-tratos dos livros, 24

Mecenas, 109

Mecenas Melisso, 109, 110, 113

medicina, 45, 119, 139, 160

Melisso.Ver sob Mecenas Melisso

membranae, 142

Menaecus, 35

Menandro, 72, 77, 78, 108

Mesopotâmia 11, 12, 13, 44

Micalessos, 32

Micênicos, 28

Milão, 155

Mileto, 34, 67

Moisés, 11

mulheres, 67, 92, 93, 127

mulheres, alfabetização de, 33

Museu, 45, 46, 49, 54, 60, 112, 157

música, 13, 14, 20

-N-

Nilo, 11, 44

Nínive, 20, 21, 22, 25

Nippur, 13-16, 18, 22

-O-

Odisseia, 30, 38, 58, 69, 70, 76, 140

ordem alfabética, 18, 50, 52, 53, 56, 72

Orígenes, 160

ostraka, 36

Ovídio, 116, 127, 142

-P-

Pacômio, 160, 162

Palestina, 157

Panfilo (bispo), 150,158

Pantaino, 130

papiro, 11, 27, 36-38, 44, 47, 65, 68, 69, 86, 89, 121, 124, 142-145, 147, 149-151, 153

Papo, 110, 111

Partênio, 118

Patmos, 161

Patras, 140

Paulo (jurista), 160

Pausânias, 32

pergaminho, 36, 65, 85, 86, 121, 122, 142-145, 149-151

Pérgamo, 59, 61, 62, 65, 66, 71, 82, 83, 89, 115, 129; Ver também biblioteca

Pérsia, 12

Pidna, 79-81

pinakes, 52, 53, 65

Píndaro, 56

Platão, 34, 39, 40, 66, 94, 164

Plauto, 77-79, 108

Plínio o Moço, 128, 153

Plínio o Velho, 65, 153

Plutarco, 59, 83

Políbio, 81, 82

Pólio, 95-97, 99, 100, 109, 110, 113, 116, 120

Pompeia, 126, 127

Pompeu Mácer, 109, 110, 117

Pórtico de Otávia Ver sob Biblioteca do Pórtico de Otávia

prateleiras, arrumação nas prateleiras, 13-15, 17, 18, 28, 40, 46, 49, 50, 63, 89, 98, 104, 116, 119

procurator bibliothecarum, 110, 112, 113, 115

Propércio, 127

Ptolemaion, 72

Ptolemeu I, 41, 45-48, 51, 68

Ptolemeu II, 45-48, 51

Ptolemeu III, 45

Ptolemeu IV, 45

Ptolemeu V, 60-65

Ptolemeu VIII, 60

Ptolemeu IX Sóter II, 60

-Q-

Quintiliano, 123

Quios, 32, 48

-R-

Ramsés II, 27

Ravena, 155

Riano, 118

Rodes, 47, 58, 67, 71, 73, 74, 94

Rodiápolis, 139

rolos: comprimento dos, 37; método de escrita nos, 37

Roma: bibliotecas em, 96-109; bibliotecas cristãs em, 158

-S-

Safo, 31

São Galo, 165

scriptoria, 38, 40, 70, 71, 94, 148, 156, 162-165

Secundus (livreiro), 121, 122

Seleuceia, 44

Selêucidas, 44, 61

Septuaginta, 48, 148

Serapião, 91, 93

Sessa Aurunca, 128

Sicília, 35, 40, 53, 75, 81

Sinope, 48

Siracusa, 45, 79

Síria, 12, 13, 44, 112, 157

Sócrates, 39

Sófocles, 30, 35, 38, 41, 47, 53, 57, 75

Strato, 45

Suetônio, 110, 115-118, 120

Sula, 82, 84, 85, 88, 95, 94, 120

Sulpício Galo, 80

Sulpício Severo, 162

Suméria, sumerianos, 11-15, 20, 22

-T-

tabuletas de argila, 11-15, 25, 28, 35

tabuletas de cera, 36, 143, 153

Taranto, 76, 79

Templo da Paz, 100, 108, 118

Templo de Apolo, 97, 114

Teodósio II, 156, 157·

Teófilo (patriarca), 157

Teofrasto, 53, 83

Teopompo, 73, 81

Teos, 67

Thamugadi, 136, 157

Tibério, 60, 100, 110, 114, 115, 118, 120, 125

Tibulo, 127

Tibur, 125, 128, 140

Tiglath-Pileser, 11, 19, 20, 21

Timeu, 81

Timgad 135, 136, 137, 140

Timóteo, 70

Tirânio, 83, 85, 93

Tito, 112

títulos, intitular, 14-16, 47, 49, 86, 88, 98, 148; Ver também colofões

traduções, 48, 76-77

Trajano, 100-106, 108, 115-118, 130, 132, 136, 137, 154, 156

Trifão 121, 122, 123

Tucídides, 32, 35, 38, 39

Túlia, 93

Túsculo, 88

-U-

Uruk, 24, 25

-V-

Valério Eudemão, 96

Varrão, 70, 78-80, 99, 101, 103

Vespasiano, 84, 92, 95, 96, 98, 99, 101

Virgílio, 80, 92, 93, 99, 102, 105, 110, 124, 125, 132, 135

vilicus, 97, 98v

Vivarium, 144

Volsínios, 111

-X-

Xenofonte, 28

-Z-

Zenão, 27

Zenódoto, 37, 38, 41, 43

Este livro foi composto com tipografia Bembo Std e
impresso em papel Off-White 90 g/m² na Assahi.